성경의 충분성과 권위에 근거한 성경적인 상담은 교회의 건강에 필수 요소이다. 이 책은 놀랍도록 유용한 목회 상담 입문서로서, 신입 목사들이나 경험이 많은 목사들 모두에게 유용한 슬기롭고 성경적인 지혜가 가득하다. 모든 목사에게 이 책이 필요하다.

– 앨버트 몰러 서던뱁티스트신학교 총장

이 책은 하나님께 신실하고 사람에 대해 사려 깊고 현실적이다. 이것은 명확하게 쓰였고, 간단하고, 실천적이다. 우리는 모두 고군분투한다. 당신과 당신의 교회가 성도를 잘 돌보는 방법을 배우고 싶은가? 이 책을 마음에 깊이 새기라.

– 데이비드 폴리슨 기독교상담교육재단(CCEF) 상임이사

이 책은 목사가 교회 멤버에게 어떻게 귀 기울여야 하며, 어떻게 말해야 하며, 어떻게 사랑해야 하는지를 알려주는 책이다. 현저히 성경적이고, 실천적이며, 마음을 상쾌하게 한다. 아마도 우리는 이 책을 모든 신입 장로들을 위한 필독서로 삼아야 할 것이다.

– 마크 데버 캐피톨힐침례교회 담임목사, 9Marks 대표

이 책은 바쁜 목사들에게 상담 사역이 필요할 뿐 아니라 가능한 사역임을 보여준다. 이 결정적인 임무에 압도되어 있다면 피에르 목사와 레주 목사가 혼란에 빠진 당신을 이끌어줄 것이다. 성경에 대한 그들의 깊은 확신은 이미 목회 사역이라는 용광로에서 시험을 받았다. 독자들이 이 책을 통해 그들에게 배울 수 있게 된 것이 기쁘다.

– 히스 램버트 공인기독교상담사협회(ACBC) 대표,

서던뱁티스트신학교 기독교상담학 부교수

내가 지금까지 읽은 수많은 목회 상담 입문서들 중에 최고다. 솔직히 말하자면, 최소한 신학교에서 듣는 탁월한 목회 상담 수업 두 과목에 맞먹는 책이다. 읽고, 적용하고, 개인적인 말씀 사역을 위해 준비하라.

– 로버트 켈레멘 크로스로드 바이블칼리지 기독교상담학과장

하나님의 백성을 목양하는 특권과 필요성에 대해 다루는 보물 같은 책이다. 쾌활한 어조로 쓰인 이 입문서에는 곤경에 처한 이들을 사랑하는 방법에 대한 더없이 귀한 관점들과 지침들, 그리고 통찰들이 가득 담겨 있다. 진심으로 이 책을 추천한다.

– 로버트 K. 체옹 소전커뮤니티교회 상담목사

이론과 방법론을 균형 있게 다루고 있는 이 책은 성경적 상담을 하고 싶지만 어디에서 시작해야 할지 모르는 바쁜 목사에게 위대한 자산이 될 것이다. 이 책은 진리와 실천적인 도움을 원하는 독자의 입맛을 충족시키고, 피상담자의 문제에 직면하는 두려움을 줄여줄 것이다.

– 로드 메이스 리폼드신학교 상담학 부교수, 미첼로드장로교회 수석목사

목사에게 가장 중요하면서 가장 중압감이 심한 사역이 상담일 것이다. 이 책은 목사들에게 그들이 목양하는 교인들의 문제와 어려움에 접근하기 위한 기본적인 틀을 제공한다.

– 저스틴 홀콤 고든콘웰신학교 기독교철학 교수

목회는 어려운 소명이며, 신학적 지식과 더불어 고통받거나 길을 잃은 이들을 향한 예수님의 마음을 요구하는 사랑의 수고다. 이 책은 목사에게

성경에서만 찾을 수 있는 지혜를 보여주고 목회 상담의 기본적인 원리와 방법을 설명해주는 최고의 입문서이다.

피에르 목사와 레주 목사는 인생을 변화시키는 예수 그리스도의 복음이 상담에서 추구할 변화의 수단이자 목적이라는 것을 충실하게 보여준다. 내가 목회를 시작할 때 이런 책이 있었더라면 상담에 대한 많은 두려움을 덜고 교회 멤버를 목양하기 위한 준비를 보다 철저히 갖출 수 있었을 것이다. 이 입문서는 우리 교역자들이 읽어야 할 목회 상담 도서 목록에서 가장 위쪽에 자리할 것이다.

알지 못하는 대상은 실제보다 더 두렵게 느껴진다. 이 책은 탁월한 솜씨로 상담 과정을 개관하고, 통상적인 함정들을 집어내고, 직관적인 프로토콜을 제공한다. 이 책은 상담에서 당신이 수행할 역할을 일러주어 하나님의 백성들을 도울 때 두려움에 잠식되지 않게 도와준다.

이 책의 시작점은 하나님의 말씀이다. 이 책은 복음을 더 깊이 이해하는 것을 목적으로 하는 상담서로서, 지금 당장 적용할 수 있는 실천적이고 성경적인 통찰로 가득하다. 당신은 상담을 할 때마다 이 책을 찾아보게 될 것이다.

피에르 목사와 레주 목사는 성경적인 상담을 위해 모든 목사들이 절실히 필요로 하는 입문서를 썼다. 이 책은 목사가 복음에 합당하게 회중을 상담할 때 느끼는 염려의 벽을 허물어준다.

– 데이브 퍼먼 두바이 리디머교회 담임목사

바쁜 와중에 상처 입은 양들을 상담하면서 목양의 역할을 충실하게 이행하고 싶어 하는 목사들에게 큰 도움이 되는 책이다. 상담에서 발생하는 여러 가지 문제들을 단계별 접근으로 다루고, 각 단계마다 교회 내 제자화 문화 양성이라는 맥락에서 실천적인 조언들을 제공한다.

– 리차드 벨처 리폼드신학교 구약학 교수 겸 학장

이 책은 목회 상담과 같은 복잡한 주제를 유용하고 성경적이고 압축적으로 잘 다룬 책이다. 피에르 목사와 레주 목사는 영혼을 돌보는 사역에서 가장 중요한 측면을 능숙하게 다룬다. 상담 입문을 위해서든 재교육을 위해서든, 모든 목사에게 이 책을 강력히 추천한다.

– 스튜어트 스캇 서던뱁티스트신학교 기독교상담학 부교수

목사가 목양하는 데 있어 이보다 적절하고 이해하기 쉬운 도움을 제공하는 매뉴얼을 찾을 수 없을 것이다. 하나님이 주신 소명을 감당하는 목자들에게 소망과 도움을 주는 필독서다.

– 토머스 젬펠 콜로니얼침례교회 심방사역 목사, 셰퍼드신학교 상담학 교수

모든 지역 교회의 목자들이 반드시 소지해야 할 책들 중 하나다. 경건하게 그리스도 중심적이기도 하고, 사용하기 쉽게 실천적이기도 하다. 저자

들은 목사가 상처 입은 교회 멤버와 함께 걸으며 그들에게 소망과 도움을 주는 방법에 대해 단계별로 설명한다.

— **크리스 브라운스** 레드브릭교회 목사

저자들이 강조한 바와 같이 기독교 상담이나 성경적 상담은 말씀 사역이라는 데에 전적으로 공감한다. 많은 사람들은 자기의 문제와 말씀의 연관성을 잘 보지 못한다. 이점에 있어서 이 책의 도움을 받아야 한다. 이 책은 이 시대의 하나님의 양들을 목양해야 하는 목사에게 고귀한 사명을 일깨워주며, 상담을 통하여 양들을 섬기는 구체적인 원리와 방법을 제시해주고 있다.

— **전형준** 백석대학교 기독교학부 실천신학 교수, 성경적상담학회장

이 책은 목회의 맥락에서 목사가 상담을 할 때 알아야 할 성경적인 상담의 방향과 방법을 적절하게 제시하고 있다. 이 책을 통해 목회 현장에서 접하는 상담 문제들이 더욱 관심을 받고 교인들에 대한 돌봄의 문화가 교회 공동체 안에 형성되기를 바란다.

— **김준** 총신대학교 상담대학원 교수

목사와 상담

The Pastor and Counseling: The Basics of Shepherding Members in Need(9Marks)

Copyright ⓒ 2015 by Jeremy Pierre, Deepak Reju
Published by Crossway
a publishing ministry of Good News Publishers
Wheaton, Illinois 60817, U.S.A.

This edition published by arrangement
with Crossway through rMaeng2, Seoul, Republic of Korea.
All right reserved.

This Korean Edition Copyright ⓒ 2020 by Reformed Practice Books, Seoul, Republic of Korea.

목사와 상담

지은이	제레미 피에르, 디팍 레주
옮긴이	차수정
펴낸이	김종진
편집	김예담
디자인	이재현
초판 발행	2020. 10. 13.
등록번호	제2018-000357호
등록된 곳	서울특별시 강남구 선릉로107길 15, 202호
발행처	개혁된실천사
전화번호	02)6052-9696
이메일	mail@dailylearning.co.kr
웹사이트	www.dailylearning.co.kr

책값은 뒤표지에 있습니다.
ISBN 979-11-89697-13-6 03230

IX 9Marks

곤경에 처한 교인 목양의 기초

목사와 상담

제레미 피에르, 디팍 레주 지음

차수정 옮김

THE PASTOR
AND COUNSELING

개혁된실천사

그들의 것이 아닌
많은 어려움들을 지고 있는
목사들에게

자신의 것이 아닌
온갖 어려움을 취하신
주님의 영광을 위해

목차

3부 콘텍스트

시리즈 서문

9Marks 도서 시리즈는 두 가지 기본 개념을 전제로 한다. 첫째, 지역 교회는 오늘날 많은 그리스도인들이 인식하는 것보다 그리스도인의 삶에 훨씬 더 중요하다는 것이다. 9Marks는, 건강한 그리스도인은 건강한 교회 멤버라고 믿는다.

둘째, 지역 교회는 그들의 삶을 하나님의 말씀에 따라 형성할 때 생명과 활력 안에서 성장한다. 하나님은 말씀하신다. 교회들은 그분의 말씀을 듣고 따라야 한다. 매우 간단하다. 교회가 듣고 따를 때, 자신이 따르는 분을 닮아 가기 시작한다. 이것은 그분의 사랑과 거룩함을 반사한다. 이것은 그분의 영광을 드러낸다. 교회는 그분의 말씀을 들을 때 그분을 닮아갈 것이다. 그렇기 때문에, 마크 데버의 책 『건강한 교회의 9가지 특징』*Nine Marks of a Healthy Church*에서 가져온 다음과 같은 "아홉 가지 표지"[9marks]는 거의 대부분 '성경적'[biblical]

이라는 문구를 포함하고 있다.

- 강해 설교
- 성경적 신학
- 복음에 대한 성경적 이해
- 회심에 대한 성경적 이해
- 복음전도에 대한 성경적 이해
- 교회 멤버십에 대한 성경적 이해
- 교회 권징에 대한 성경적 이해
- 제자훈련과 성장에 대한 성경적 이해
- 교회 리더십에 대한 성경적 이해

교회의 건강을 위해 필요한 다른 사항들도(예를 들면, 기도) 열거할 수 있겠지만, 우리는 이 아홉 가지 실천사항들이 (기도와는 달리) 오늘 날 가장 많이 간과되고 있는 것들이라고 생각한다. 따라서 교회를 향한 우리의 기본적인 메시지는, 비즈니스를 성공시키는 최고의 실천사항들이나 최신 스타일을 바라보지 말고 하나님을 바라보라는 것이다. 다시금 하나님의 말씀에 귀 기울임으로써 시작하라.

이 전체 프로젝트의 일환으로 9Marks 도서 시리즈가 기획되었다. 이 책들의 목적은 아홉 가지 표지를 더욱 면밀히 그리고 다른 각도에서 조사하는 것이다. 어떤 책들은 목사들을 대상으로 쓰였으며 어떤 책들은 교회 멤버들을 대상으로 쓰였다. 이 모든 책들이 성경적 근거에 대한 신중한 검토, 신학에 대한 적절한 반영, 문화에 대한 적절한 고려, 집단적 적용, 그리고 심지어 약간의 개인적 권면까지 한 데 결합하길 소망한다. 최고의 기독교 서적은 언제나 신학과 실천을 동시에 갖춘다.

하나님이 이 책과 다른 책들을 사용하사, 그분의 신부인 교회가 그분이 다시 오시는 날을 위해 영광스럽게 빛나는 모습으로 준비되게 하시기를 기도한다.

들어가는 말
목사와 수요일 아침

화요일 오후, 이메일을 확인하느라 분주한 당신에게 비서로부터 전화 연락이 온다. 곤경에 빠진 교회의 한 교인이 당신과 통화를 하고 싶어 한다는 것이다. 당신은 기도보다 한숨에 가까운 묵도를 짧게 드린 후 수화기를 들고 그 교인과 약 30분 정도 대화를 나눈다. 대화를 나누면서 당신은 혼란스러워졌고, 확신하건대 상대방도 혼란스럽다. 통화가 끝났다. 방금 전화한 교인은 남편과 심각한 불화를 겪고 있다고 갑자기 털어놓았고, 당신은 이 문제에 어떻게 대처해야 할지 열심히 궁리한다. 당신은 이들 부부의 문제를 어느 정도 해소하기 위해 다음 날 아침에 만나기로 약속했다. 당신은 수요일 아침에 있을 상담을 어떻게 준비하겠는가?

목사와 평신도 리더 모두 이런 전화에 익숙해져 있다. 너무 익숙할 수도 있겠다. 고질적인 우울증, 배우자의 외도로 인한 비통함, 끓

어오르는 분노, 만성적인 소통 부재, 죄의식에 고통받는 음란물과의 사투, 섭식 장애, 암 재발, 동성 간 끌림에 대한 고민, 자살 충동 등 문제를 나열하면 끝도 없다. 타락한 세상에서의 삶은 고통을 수반한다. 어떤 인생은 고통에 매몰되어 있다. 이는 교회 밖에 있는 사람들뿐 아니라 교회 회원들에게도 해당되는 사실이다.

당신이 목사인 이유가 여기에 있다. 하나님은 당신을 부르사 하나님의 양들을 목양하게 하셨다. 그 양들은 종종 상처 입고, 혼란스러워하고, 완고하다. 그런데 그들을 돌보는 방법이 항상 명확하지는 않다. 그들이 처한 상황이 복잡하면 더욱 그렇다. 당신이 상담 전문 목사일 수도 있고 아닐 수도 있지만, 어쨌든 당신은 심란한 문제들로 고통받는 양들을 위해 수고하는 일로 부름받았다. 이 일은 가치 있는 수고다.

우리가 이 상담 입문서를 쓰게 된 계기는, 자기 교회에서 일어나는 버거운 상황들을 놓고 고심하던 목사들이 상담 시간에 임박해서 우리에게 전화를 거는 일이 빈번하게 일어나기 때문이다.

이혼하려고 하는 부부가 15분 후에 저에게 상담을 받으러 오기로 했습니다. 제 생각에는 이렇게 상담해야 할 것 같은데…

조금 전에 우리 교회의 한 형제가 자신에게 동성 간 끌림이 있다고 털어놓았습니다. 이 형제와 계속 상담을 해야 되는데 무슨 말을 해주어야 할지 모르겠어요.

최근에 어떤 부부의 딸이 섭식 장애를 앓고 있다고 하소연했습니다. 제가 어떤 기관을 소개해주어야 할까요?

목사들은 대부분 시간이 별로 없고 상담 외에도 많은 사역의 짐을 감당하고 있다. 게다가 다음과 같은 몇몇 사실이 목사들을 한층 더 괴롭힌다.

- 대부분의 신학생들은 학교에서 한두 개의 상담 과목을 수강했을 뿐이다. 종종 그들은 첫 사역을 시작하기 전까지 상담을 얼마나 자주하게 될지 가늠조차 하지 못한다.
- 대부분의 목사들은 상담을 하려는 목적보다 설교하고 가르치려는 목적으로 사역을 시작한다. 그들은 상담을 간절히 하고 싶어서가 아니라 상담 요청이 들어오기 때문에 상담을 한다.
- 큰 교회에나 작은 교회에나, 엉망진창인 인생은 존재한다. 특히 지방의 작은 교회들은 그들이 속한 지역사회에서 그런 사람을 도울 수 있는 유용한 자원을 구하기가 매우 힘들다. 때로는 목사 한 명과 교회 하나가 그 지역의 유일한 자원일 때도 있다.
- 교인들은 곤경에 처했을 때 목사가 도와주기를 기대한다. 어쨌든 교인들은 목사의 급여에 기여한다. 그들은 목사가 자신에게 시간을 할애해주기를 기대하고, 때로는 아주 많은 시간을 기대한다. 심지어 목사는 성경에서 인생의 어려움에 대한 정답을 즉각적으로 받는다는 억측을 하기도 한다.

- 연약한 양들은 그들의 문제나 요구사항을 이유로, 또 가끔은 단순한 이기심으로 목사의 시간을 지나치게 많이 빼앗는 경향이 있다. 게다가 목사와 교회로부터 헌신적인 돌봄을 받고도 하나님께 별로 감사하지 않는 경우도 흔하다.
- 대부분의 교인들은 오만함으로 도움을 구하지 않다가 결국 필요 이상으로 문제를 악화시킨다. 그들은 '목사님이 나를 형편없는 인간으로 생각하지 않았으면 좋겠다.' 혹은 '내 문제는 내가 해결할 수 있다.' 등의 생각으로 스스로를 기만한다. 그들이 조금 더 일찍 도움을 요청했다면 많은 사람의 땀과 눈물을 크게 절약할 수 있었을 것이다.

목사는 이 모든 일에 어떻게 대처해야 할까? 목사가 상담 교육을 거의 받지 못했을 수도 있다. 연약한 양들이 터무니없이 많은 시간을 잡아먹을 수도 있다. 교회가 건강하지 못해서 그 교회 공동체 안에 가용할 수 있는 관계적 도움이 거의 없을 수도 있다. 희망적으로 보이지는 않는다.

이 책이 주는 도움

이 책에서는 곤경에 처한 교인들을 상담하는 당신에게 도움이 될 수 있도록 상담의 기본 골격을 제공하고자 한다. 당신에게는 시간이 충분하지 않을 수 있다. 당신은 다른 사람의 인생을 영원히 망쳐 버릴까봐 두려울 수도 있다. 아니면 그저 이런 상담을 하고 싶지 않을 수도 있다. 따라서 당신은 예수 그리스도의 복음이 이런 상황에서 능력을 발휘한다는 사실을 상기해야 하고, 또한 그 능력의 관점에서 사역하는 데 필요한 몇 가지 실제적인 지침이 필요하다.

우리가 이 짧은 책자에서 다루려는 내용은 다음과 같다. 1부는 총세 장으로 구성되며 상담의 '개념'에 대해 다룬다. 그중 1장에서는 목사가 양들을 위해 수고한다는 것이 무엇을 의미하는지에 대해 탐구한다. 이 책의 요점은 단순하다. '목자가 목양한다'는 것이다. 목사가 하는 일은 제자를 만드는 일이다. 그리고 제자화discipleship는 곤경을 겪는 사람들을 상담하는 일도 종종 포함한다. 이 사실을 언짢게 여겨서도 안 되며 이 사실에 압도당해서도 안 된다. 그렇다고 꼭 전율을 느낄 필요는 없지만, 어려움에 처한 사람들을 돌보는 일은 그 일을 통해 예수님을 사랑하는 특권으로 여겨야 할 것이다. 그분의 양을 먹이라. 2장에서는 상담을 어떻게 준비할지 소개한다. 상담이 어떻게 시작되는지, 누가 상담을 시작하는지, 상담 과정을 가능한 순조롭게 진행하려면 어떻게 해야 하는지 소개하겠다. 3장에서는 상담의 기본 방법을 설명한다. 우리는 피상담자의 문제를 탐구하고 그에게 무언가 구속을 가져다주는redemptive 말을 전하는 요령에 대해 설명할 것이다. 이 장에서는 피상담자에게 물어볼 질문 유형, 그의 삶에 대해 탐구할 때의 적절한 범위 설정, 성경적인 방식으로 유용한 응답을 하는 방법 등을 알아본다.

2부는 4-6장으로 구성되며, 첫 만남부터 마지막 대화에 이르기까지 전체적인 상담의 '프로세스'를 추적한다. 우리는 마음의 역학 관계 파악, 성경적 관점에서 문제 이해, 변화를 위한 구속적 전략redemptive strategy 사용을 위해 몇 가지 조언을 제시한다. 이것이 '상담으로 한 사람을 돌보는 과정은 어떤 식으로 진행되는가?'라는 질문에 답이 되길 바란다.

마지막으로 7장과 8장으로 구성된 3부에서는 상담의 환경에 대해 설명한다. 목사의 상담은 교회 공동체 안에서와 교회 외부의 지역사회에서 적절한 도움을 받으며 행해진다. 7장에서는 목사인 당신 혼자서만 수고해서는 안 된다는 사실에 대해 설명한다. 당신이 혼자 모든 일을 다 떠맡으면서 제정신을 유지하기는 불가능하다. 따라서 당신의 교회 내에 제자화 문화를 양산함으로써 당신이 교회 멤버와 어떤 상담을 하게 되든 교회가 그 상담을 보완하고 향상시키는 역할을 하게 해야 한다. 교회 멤버들이 서로 도우며 함께 믿음으로 성장하는 제자화 문화를 양산한다는 것은 무엇을 의미하는가? 8장에서는 교회 공동체 밖으로 눈을 돌려 상담사, 의사 등 관련 전문가들과 기관들에 대해 알아보겠다. 교회 밖의 전문가나 기관에 문의하는 것은 현명한 일일까? 그렇게 할 경우 당신은 특정한 의사가 당신의 교회 멤버에게 도움이 되며 해를 입히지 않으리라고 어떻게 확신할 수 있는가? 당신이 속한 지역사회에 당신과 생각이 같은 상담사는 없고 자연주의적 관점을 지닌 전문 상담사밖에 없다면 어떻게 해야 할까? 의문점은 넘치도록 많다.

우리는 성경적인 상담에 대한 간단한 정의부터 필기를 하는 요령까지 알려주고 여러 가지 유용한 자료들을 제시하면서 이 책을 마칠 것이다. 우리는 당신의 실질적인 적용을 위해 이 자료들을 제공하며, 당신이 상담이라는 값진 수고를 할 때 이것이 도움이 되기를 바란다.

상담의 참된 능력은 예수 그리스도이시다

솔직히 말해서 작은 책 한 권으로 독자의 세상을 바꾸리라고 기대하는 저자는 아무도 없다. 이 책의 목표는 당신이 직면하는 모든 상황을 처리하는 능력을 갖추게 하는 것이 아니다. 그보다는 당신이 곤경에 처한 성도에게 방향을 제시하는 데 필요한 것들이 복음 안에 들어 있다는 확신을 심어주려는 것이다. 당신의 확신은 숙련된 상담 기술이나 당신 자신 안에 있지 않으며 인간을 변화시키는 하나님의 능력 안에 있다.

인생을 변화시키는 예수 그리스도의 복음의 능력이 없이는 진정한 확신은 불가능하다. 게다가 예수님은 인간이 가장 제대로 기능하는 모범을 보여주는 본보기가 되신다. 예수님은 우리와 같이 불완전하게 기능하는 인간들을 대신하기 위해 불완전하게 기능하는 세상에 오셨다. 죄는 우리를 하나님으로부터 멀어지게 한다. 죄는 모든 것을 하나님으로부터 멀어지게 한다. 이 때문에 우리는 고통을 받고 죄를 짓는다. 그러나 예수님은 자신의 죽음으로 죗값을 치르셔서 그 소원해진 관계를 회복시키셨다. 그리고 부활하신 예수님은 이제 인간을 변화시키셔서 그분의 의를 따라, 하나님과의 새로워진 관계를 따라 살게 하신다. 자신의 영광스러운 아들을 통하여 인간을 바꾸시는 분은 바로 하나님이시다.

좀 더 구체적으로 말하자면, 우리 인류는 우리의 생각과 갈망과 행동을 통해 하나님의 성품을 드러내기 위해 창조되었다. 인간의 마음에서 완고한 생각이나 음욕적인 욕망, 이기적인 욕심이 생길 때 인간의 마음은 오래 참고 순전하고 너그러운 창조주의 성품을 표현해 내지 못한다. 즉 인간의 내면과 외면은 모두 하나님을 영화롭게 하기 위한 목적으로 설계되었다.

오직 예수님의 마음만이 하나님의 성품을 완벽하게 드러냈다. 예수님은 하나님이시기 때문이다. 그런데 예수님은 우리처럼 인간이시기도 하다. 따라서 예수님은 우리의 대표이자 본보기이자 구원자가 되시기에 합당하다(히 4:14-16). 따라서 우리는 상담에 임할 때 다음과 같은 점을 유념해야 한다.

- 예수님은 **변화의 수단**이시다. 그분의 복음을 믿으면 우리 마음의 반응이 변화된다. 모든 상담 이론과 실습은 믿음으로 예수 그리스도와의 관계를 심화시키는 데 초점을 맞추어야 한다.
- 예수님은 **변화의 목표**이시다. 우리가 추구하는 성숙의 모델은 바로 예수님의 성품을 드러내는 것이다. 상담을 해도 상황이 변하지 않고 문제가 없어지지 않을 수도 있지만, 하나님은 우리에게 예수님처럼 신뢰하는 순종으로 반응할 능력을 약속하신다.

가장 단순한 형태의 상담은 한 사람이 길을 잃은 사람의 옆에서 걸어주는 것이다. 전문적인 상담 교육이나 전공 수업과정은 상담 기술 연마에 꽤 유용할 수 있지만, 이런 수업을 받지 않더라도 하나님의 말씀이 인간의 가장 큰 필요와 가장 원대한 소망을 보여준다는 사실을 전심으로 믿고 받아들이면 상담을 할 수 있다.

상담의 수고에는 충분한 시간을 들일 가치가 있다. 우리는 당신이 상담을 시작하는 데 필요한 기본 틀을 갖추기를 소망한다. 우리가 이 책에서 제시하는 틀은 성도들을 뒤흔드는 문제들에 복음의 진리로 담대히 맞서려는 시도의 결과물이다. 솔직히 설교 강단에서 일반적인 지침을 제시하거나 전문 기관을 추천하는 식으로 문제를 해치우는 편이 훨씬 쉽다. 그러나 목사가 자신의 성도들을 솜씨 있게 보살피는 것은 가치 있는 수고이다.

1부

개념

1장
양들을 위한 수고

목자에게는 별로 좋은 냄새가 나지 않는다. 적어도 좋은 목자에게는 좋은 냄새를 기대할 수 없다. 좋은 목자는 양 냄새가 나고, 그 냄새는 사방으로 퍼진다.

그런데 목자에게 악취가 나는 이유는 단지 양 냄새 때문만은 아니다. 목자의 악취에는 땀 냄새가 섞여 있다. 피 냄새도 있다. 일반적인 노동자들처럼 목자들도 땀으로 얼룩진 얼굴과 굽은 등을 가졌다. 일반적인 군인들처럼 목자들도 긴장된 눈빛과 흉터 진 팔을 가졌다. 노동자나 군인처럼 목자도 가끔 에너지가 고갈되고 충전은 부족함을 느낀다. 또한 목자는 그의 직업이 요구하는 임무를 온몸에 반영한다. 좋은 목자라면 오후 시간까지 말끔한 모습을 그대로 유지할 수 없을 것이다.

마찬가지로 좋은 목사가 자신의 업무에 룰루랄라 콧노래를 부르며 임하는 경우는 절대로 볼 수 없을 것이다. 그는 모든 성도를 양육하고 보호하면서 완고한 이들과 상처받은 이들을 돌보는 어려운 일을 놓고 불만을 표출하지 않는다. 물론 어떤 목사든 하늘을 쳐다보면서 '왜 이 사람들은 계속 문제만 일으킵니까?'라고 묻고 싶은 유혹을 받을 때가 있다. 그러나 그는 자신의 임무가 어렵다는 사실을 받아들이는 믿음으로 돌아간다. 하나님은 이런 식으로 목사가 자기 자신을 비우게 하신다. 이를 통해 그리스도의 능력으로 충만할 수 있게 하신다.

공적 목회, 개인적 문제

우리는 목회가 쉽다고 대놓고 주장하는 말을 들어본 적이 전혀 없다. 그러나 목회를 쉽게 만들어보려고 시도하는 목사들은 많이 보았다. 또한 강단 사역을 하려고 목회직을 선택하는 사람들도 많이 보았다. 그들이 생각하는 "강단 사역"이란 설교하고 가르치는 일을 하면서 사례를 받고, 가끔 목사로서 심방을 하는 사역이다. 그들은 개인적인 목회와 상담이 중요하다는 것도 알기에, 자신의 멋진 설교 기술로 교회 재정을 확보한 다음 부목사를 고용해 그에게 다른 모든 사역을 담당하게 하려는 계획을 세운다.

빈정대려고 하는 말이 아니다. 한때는 우리도 유창한 강해와 예리한 적용으로 충성스러운 성도들을 일깨우고, 암울한 문화를 비추는 타오르는 불꽃처럼 능력의 말씀이 강단에서 강력하게 선포되는 비전을 품었던 젊은 사역자들이었다. 우리가 꿈꾸었던 말씀 사역은 다음과 같은 것이었다. 남자들은 설교 도중에 자기 아내의 손을 잡고 비통한 눈물을 뚝뚝 흘리며 회개하며, 중독자들은 굳게 결단하고 다시는 중독의 죄를 반복하지 않으며, 우울증에 시달리는 성도들은 우리의 목소리를 듣고 안개 속에서 빠져나온다. 그리고 말씀 사역이 너무도 강력해서 상담 사역이 아예 혹은 거의 필요하지 않다. 물론 낙오하는 영혼들이 종종 있겠지만, 설교 사역 때문에 교회는 건강하다.

그러나 두 가지 이유로 우리는 이런 꿈을 계속 간직할 수 없었다. 그 두 가지는 경험과 성경이다. 경험은 엄격한 교사다. 경험은 우리가 상당히 형편없는 설교자로서 사역을 시작한다는 사실을 곧바로 지적한다. 설교가 조금씩 나아지더라도, 설교의 향상이 반드시 성도들의 문제 감소로 연결되지는 않는다는 사실을 깨닫고 만다. 당신이 가장 좋아하는 설교자나 더 많은 예산을 확보한 교회를 살펴보라. 그 교회의 멤버들이라고 해서 살면서 문제를 덜 겪지는 않을 것이다. 경험은 목회 사역에 오로지 설교만 있으면 된다는 환상을 용납하지 않는다.

분명히 말하지만 설교는 교회의 사명에 있어 중차대하고 핵심적인 말씀 사역이다. 설교는 회중이 모이는 주된 목적이며 우리의 모든 개인적 사역의 토대가 된다. 그러니 우리 의도를 오해하지 말기 바란다. 우리는 설교 사역의 중요성에 의문을 제기하려는 것이 아니다. 다만 교회의 말씀 사역이 오로지 강단에서만 행해지지는 않는다는 점을 지적하려는 것뿐이다.

경험이 이 사실을 말해주지만 경험만으로는 충분하지 않다. 실제 세상에서 통하지 않는다는 사실에서 배울 수도 있지만 그보다 성경을 들여다봄으로써 목양을 구성하는 요소들에 대해 더 많은 것을 배울 수 있다.

성경에 등장하는 개인적인 사역

아침 햇살이 해변을 덮히기 시작했고, 베드로는 피로한 눈을 깜박였다. 베드로는 부활하신 예수님의 얼굴을 꼼꼼히 뜯어보았다. 모두 침묵 속에서 조반을 들었다. 제자들 중 누구도 예수님께, 정말 주님이시냐고 물어볼 엄두를 내지 못했다. 그들은 예수님이 먼저 말문을 여시기만을 기다렸다.

"요한의 아들 시몬아, 네가 이 사람들보다 나를 더 사랑하느냐?"

당신은 이 이야기를 알고 있다. 예수님은 베드로에게 그가 진실로 예수님을 사랑하는지 세 번 물으셨다. 베드로는 그렇다고 대답했지만 예수님이 도통 확신하지 못하겠다는 듯 세 번째로 물으셨다. 그러자 베드로는 깊이 근심했다. 그러나 예수님은 베드로와 문답하실 때마다 참된 사랑을 실천하는 방법을 그에게 가르치셨다. "내 양을 먹이라"(요 21:15-19). 예수님을 사랑하는 것에는 예수님의 양들을 돌보는 일도 포함된다. 그리고 예수님의 양을 돌보는 일에는 죽음도 포함될 것이다. 베드로의 경우는 문자 그대로의 죽음도 포함되었다. "이 말씀을 하심은 베드로가 어떠한 죽음으로 하나님께 영광을 돌릴 것을 가리키심이러라"(요 21:19).

사역은 고난이다

베드로가 받은 사도의 소명은 그에게만 해당하는 것이지만, 교회의 지도자로서 예수님을 따르는 길에는 양을 먹이는 수고와 박해가 모두 수반된다.

수년 후 경험이 쌓인 베드로는 이에 대해 명료하게 밝힌다.

> "너희 중 장로들에게 권하노니 나는 함께 장로 된 자요 그리스도의 고난의 증인이요 나타날 영광에 참여할 자니라 너희 중에 있는 하나님의 양 무리를 치되 억지로 하지 말고 하나님의 뜻을 따라 자원함으로 하며 더러운 이득을 위하여 하지 말고 기꺼이 하며 맡은 자들에게 주장하는 자세를 하지 말고 양 무리의 본이 되라 그리하면 목자장이 나타나실 때에 시들지 아니하는 영광의 관을 얻으리라"(벧전 5:1-4).

베드로에게 사도의 권위가 주어진 데에는 그가 그리스도의 고난을 지켜본 증인이라는 이유도 있다. 베드로는 그리스도의 고난에 집중했다. 그리스도의 영광을 드러내기 위해서 그것이 필요했기 때문이다. 그리스도의 영광은 베드로의 서신에서 중요한 주제 중 하나다(벧전 1:6-7, 11; 2:21-25; 3:13-17, 18-22; 4:1, 7, 12-19). 베드로는 언젠가는 그 영광에 참여할 것이었고, 주님이 다시 오실 때까지 하나님의 양들을 목양하는 모든 목사들 역시 그리할 것이다.

그런데 그 영광에 참여하기 위해 목자들은 고난을 받아야 한다. 그렇지 않다면 왜 베드로가 독자들에게 이 임무를 억지가 아닌 자원함으로 받아들이라고 가르쳤겠는가? 본성적으로 우리는 자기에게 득이 되지 않거나("더러운 이득을 위하여 하지 말고") 우리 방식대로 될 것이라는 보장이 없는("맡은 자들에게 주장하는 자세를 하지 말고") 일은 맡으려 하지 않는다. 본성적으로 우리는 신실하게 고난을 견디길 원하지 않는다. 그러나 베드로는 동료 목사들에게 편지하면서 필시 그가 디베랴 호숫가에서 예수님에게서 들은 말씀을 떠올렸을 것이다. "하나님의 양 무리를 치라"는 베드로전서의 권면은 "내 양을 먹이라"는 말씀과 매우 유사하다.

베드로는 예수님의 승천을 목격했고, 그 경험으로 인해 그는 그분의 백성을 위한 수고는 어떤 것이라도 가치가 있는 수고라고 여기게 되었다. 베드로는 예수님이 하늘에서 목자장의 자리에 앉으셨다는 것을 알았다. 예수님은 하늘에서 그분의 모든 양을 궁극적으로 돌보고 계신다.

사역은 개인적이다

우리는 하나님의 양 무리를 치는 일에는 수고와 고난이 동반된다고 가르치는 성경 말씀들을 지금까지 살펴보았다. 그런데 이러한 수고는 공적인 말씀 선포뿐 아니라 개인적인 사역에도 마찬가지로 동반된다. 이제부터 바울의 사례를 통해, 그가 공적 선포뿐 아니라 개인적인 사역의 수고까지 감당하였음을 살펴볼 것이다.

바울은 복음 설교의 공식적인 봉화였고, 이 일을 위해 수고하고 고난받도록 부름받았다(행 9:15-16). 바울은 회당에서 공개적으로 복음을 선포했고 이 때문에 목숨까지 위협받았다(9:20-25). 그는 구브로 (13:4), 비시디아 안디옥(13:14), 이고니온(14:1), 루가오니아의 여러 도시(14:6-7)를 비롯해 셀 수 없이 많은 지역에서 공개적으로 복음을 전했다. 그의 사역 중 주요 부분을 차지한 것은 공적인 복음 선포였다.

그러나 우리가 여기에서 멈추면 바울의 사역의 또 다른 중요한 부분을 간과하고 만다. 여러 교회에 보낸 그의 서신들에는 하나님의 자녀들을 돌보는 일에 많은 시간을 들여 수고했던 한 사람의 마음이 드러난다. 육신을 따라 자랑하며 스스로 의의 일꾼으로 가장하는 자들과는 달리, 바울은 목양의 고난과 수고가 그의 소명을 증명하는 증명서라고 말한다. 그는 하나님의 자녀들을 위해 개인적인 수고를 하느라 태장, 돌로 맞음, 파선을 당했다(고후 11:23-30). 바울은 그가 돌보는 무리를 "사모함"으로 사역했고, 그 사모함이 얼마나 강력하던지 그와 실루아노와 디모데는 "하나님의 복음뿐 아니라 우리의 목숨까지도 너희에게 주기를 기뻐함은 너희가 우리의 사랑하는 자 됨이라"고 고백한다(살전 2:8). 바울은 아무에게도 폐를 끼치지 않으려고 장막 만드는 일을 하면서 수고하고 애썼다. 그래서 바울은 이렇게 말할 수 있었다. "우리가 너희 각 사람에게 아버지가 자기 자녀에게 하듯 권면하고 위로하고 경계하노니 이는 너희를 부르사 자기 나라와 영광에 이르게 하시는 하나님께 합당히 행하게 하려 함이라"(2:11-12). 바울은 그가 돌보는 자들의 유익을 위해 그들 속에서 수고하는 사람이었다.

바울의 사역은 강단에 국한된 것이 아니었다. 우리 모든 사역자들이 받는 유혹과는 달리, 바울의 돌봄은 그의 공적 사역에 사람들이 참여하는 데서 끝나지 않았다. 목사여, 우리의 직업을 주로 공적인 영향이라는 관점에서 바라본다면 개인적인 사역에는 마음을 두지 않게 될 것이다. 종종 우리는 우리 교회를 떠난 이들이 받을 해^害보다 그들이 떠났다는 사실 때문에 마음이 더 불편하다. 바울의 마음은 그렇지 않았다. 예수님의 마음도 그렇지 않았다.

신약성경의 나머지 부분은 목회 사역의 개인적 성격에 대해 상술한다. 신약성경의 세 가지 가르침을 참고하는 것이 유용할 것이다. 개인적인 사역은 (1) 성도의 연약함과 죄 식별하기 (2) 그 사람을 위해 하나님께 말씀드리기 (3) 하나님을 대신해 그 사람에게 말하기를 포함한다.

목양은 성도의 연약함과 죄를 식별하는 수고를 포함한다. "자신을 낮춤"condescension이라는 표현은 "남들보다 우월한 존재가 스스로 낮아져 그들과 수준을 맞추다"라는 뜻으로, 예수님과 죄인들의 관계를 완벽하게 설명하는 말이다. 예수님은 죄인들의 평면보다 훨씬 위에 계시기 때문이다. 예수님은 성부 하나님과 함께 완전한 기쁨과 만족을 누리시고, 만유의 하나님이시며, 찬란하고 장엄하시며, 불꽃 같은 천사들의 섬김을 받으시며, 저 아래에서 죄 때문에 슬퍼하는 사악한 인간들을 책임져야 할 어떤 의무도 없으셨다. 그런데 온 우주에서 모든 인간의 섬김을 받으셔야 할 유일한 분이 모든 인간을 섬기셨다. 그분은 하나님의 본체로서 자신의 소유인 영광스러운 하늘 보좌에 머무르는 대신(빌 2:6), 다른 사람들의 일을 돌보셨다(2:4). 그리고 오히려 우리의 문제, 특히 가장 중요한 문제인 죽음의 문제에 있어 우리와 함께하심으로써 우리를 섬기셨다(2:7-8). 죽음은 우리가 결코 해결할 수 없는 문제로서, 우리는 그 해결을 위해 다른 존재의 도움이 필요했다. 그리고 우리를 도우신 예수님이 우리에게 자신을 본받으라고 말씀하신다. "너희 안에 이 마음을 품으라 곧 그리스도 예수의 마음이니"(2:5).

다른 사람의 유익을 위해 자기 자신에 대해 죽는 것은 그리 녹록한 일이 아니다. 그들의 곤경을 못 본 체하지 않고 이에 관여할 것이 요구되기 때문이다. 개입하는 일도 포함된다. 예수님은 연약한 자들을 동정하셨다.

> "우리에게 있는 대제사장은 우리의 연약함을 동정하지 못하실 이가 아니요 모든 일에 우리와 똑같이 시험을 받으신 이로되 죄는 없으시니라"(히 4:15).

예수님은 실제로 시험을 받으셨기 때문에 우리를 동정하실 수 있다. 예수님은 죄의 저주 아래 놓인 세상에 친히 오셨다. 그분이 연약하고 미혹된 자들을 능히 용납하실 수 있는 것은 그들의 연약함을 이해하시기 때문이다(5:2). 고통이나 괴로움을 전혀 겪을 필요가 없는 분이 이 세상에 오셔서 고통과 괴로움을 겪으셨다. 그분은 "간고를 많이 겪었으며 질고를 아는 자"였다(사 53:3).

예수님의 양떼를 섬기는 목사들도 이와 같다. 예수님은 자기 백성과 함께 그들의 연약함과 미혹과 고난이라는 흙탕물 안에 서 계시면서, 목사들에게 그 자리에 함께 서라고 손짓하신다. 그분을 따르기 원하는 목사들은 정체를 알 수 없는 물속으로 터덜터덜 걸어들어가야 한다. 물이 탁해서 깊이가 얼마나 되는지 알 수 없고 불쾌한 악취가 난다. 그러나 목사들은 그들을 그 진흙탕 속으로 부르신 분을 신뢰한다.

목사여, 당신은 당신이 맡은 성도들의 유익을 위해 이와 같은 섬김을 본받을 수 있게 자유케 되었다. 모든 목사는 예수님의 종이고, 종은 주인보다 크지 못하다(요 13:16). 당신은 성도들의 문제를 떠맡는 위험과 수고를 감당하는 일에 부름받았다. 예수님처럼 당신은 어떤 면에서 당신에게 아무것도 요구할 이유가 없는 사람들을 돕는다. 목자장이 지저분하게 되고 상처를 입었다면, 목자장을 따르는 목사들도 그리해야 한다. 이것은 상담과 관련하여 어떤 의미를 갖는가? 당신이 교회에서 반드시 상담 전문 목사가 되어야 하는 것은 아니지만, 문제가 생긴 성도들을 섬기는 데에 필요한 기술을 반드시 익혀두어야 한다.

목사는 **성도들을 위해 하나님께 말씀드리는 수고**를 하게 된다. 목사는 간절하고 꾸준하게 기도해야 한다. 역경에 처한 성도들과 긴밀한 관계를 맺으면 기도에 적어도 두 가지 이점이 있다.

첫째, 성도들을 개인적으로 돌보면서 당신의 기도는 더욱 뜨거워진다. 성도들을 섬기는 일에 가볍게 임하는 목사는 대개 하나님 앞에서도 가벼운 태도를 갖게 된다. 성도들과 함께 고민하는 목사는 그들을 위해 기도할 때에도 비통한 마음으로 기도할 것이다. 목사가 개인적인 사역을 멀리하고 공적 사역이나 행정 업무에만 몰두하면 교인들의 깊은 필요를 간과하기 쉬우며 결국 기도가 마비되고 말 것이다. 예수님은 하나님 나라에 대한 간절함으로 아버지께 기도하라고 가르치셨고(마 6:7-13), 성도들의 짐을 감당하는 목사는 간절한 기도로 하나님께 나아가게 된다.

분노 때문에 처참하게 망가진 한 가정을 목격할 때, 2년 전 남편을 잃고 아직까지 슬픔을 극복하지 못한 과부와 마주앉을 때, 자기 자신이 세상 최악의 성도착자라고 단정하는 십 대 청소년과 나란히 걸을 때, 결혼 생활에 진절머리가 난 남자와 상담할 때, 목사는 여느 때보다도 더욱 간절하게 지혜를 구하게 된다. 목사는 죄와 죄의 영향력이 사람들의 삶을 절망에 빠뜨리는 것을 목격할 때 거룩한 간절함으로 기도하게 된다. 세상의 불행한 일은 종종 하나님의 백성의 기도를 불러일으킨다. 목사들은 이와 같이 기도하게 만드는 것들로부터 자신을 절연시키면 절대로 안 된다.

둘째, 성도들을 개인적으로 돌봄으로써 하나님을 더욱 의지하는 마음으로 기도하게 된다. 낙담해서 우울에 빠진 사람이나 비현실적인 기준으로 스스로를 평가하는 섭식 장애 여성과 이야기하는 것만큼이나 더 헛되게 느껴지는 일은 없다. 당신이 아무것도 변화시키지 못할 것이라는 무능력한 느낌을 느끼고 싶다면 학대의 피해자나

가해자, 완고한 사람이나 혼란스러워하는 사람, 당신과 당신이 펴든 성경을 경멸하는 사람의 상담에 응하는 것이다. 해결이 불가능한 상황에 처한 사람들과 함께할 때 목사는 불가능을 가능하게 하시는 하나님이 필요하다는 사실을 끊임없이 기억하게 될 것이다.

목사는 **하나님을 대신해 사람에게 말하는 수고**를 하게 된다. 목사의 개인적인 사역은 말씀 선포와 긴밀하게 연결된다. 사람들에게 그리스도를 선포하는 일은 명백한 수고다. 바울은 다시 한 번 목사의 본을 보여준다.

> "우리가 그를 전파하여 각 사람을 권하고 모든 지혜로 각 사람을 가르침은 각 사람을 그리스도 안에서 완전한 자로 세우려 함이니 이를 위하여 나도 내 속에서 능력으로 역사하시는 이의 역사를 따라 힘을 다하여 수고하노라"(골 1:28-29).

우리의 목회 사역에서, 그리스도께서 우리의 메시지이며 그리스도를 닮는 것이 우리의 목표다. 우리는 우리가 돌보는 사람들이 그리스도를 따르기를 원한다. 이런 일은 사랑을 통해 역사하는 믿음에 의해 일어난다. 따라서 목사의 모든 수고가 지향하는 목표는 그리스도의 복음 선포를 통해 그리스도를 믿는 믿음을 이끌어 내는 것이다. 공적 사역에서뿐 아니라 개인적인 말씀 선포에서도 이 목표는 동일하다. 믿음은 마음이 작용하는 방식을 조정하여, 한때 사악한 욕망, 음울한 생각, 세상에 대한 충성을 따라 행동하던 사람이 점점 더 의로운 소망, 진리로 밝혀진 생각, 하늘에 대한 충성을 따라 행동하게 한다. 그리고 사람의 심령에 믿음이 솟아나는 유일한 길은 선포된 말씀을 귀로 듣는 데 있다. "그러므로 믿음은 들음에서 나며 들음은 그리스도의 말씀으로 말미암았느니라"(롬 10:17).

목회 사역은 그리스도 안에서 하나님을 대신해서 사람들에게 말하는 수고를 요구한다. 바울은 그리스도 안에서 성장하는 신자들에게 깊이 헌신했기에, 신자들이 믿음으로 인내하지 못하면 자신의 수고가 헛되다고 말했다(빌 2:16; 갈 4:11 참조). 바울의 목회 사역의 핵심적인 목표는 성도들을 믿음 안에서 견고히 세우는 일이었다.

그리스도를 선포하기 위해서 목사는 사람들의 삶 속에 있는 어두운 지점, 즉 입 밖으로 언급하느니 모르는 척하는 편이 쉬운 불쾌한 문제들을 향해 가게 된다. 그 문제는 파탄의 조짐이 나타나는 결혼 생활, 엽기적인 생활을 하는 십 대 청소년, 오래된 두 교인 간의 불화, 목회스탭에 대해 끊임없이 제기되는 의심, 정신적 불안에 시달리는 청년 등 여러 가지가 가능하다. 그들의 문제가 얼마나 심각하든 간에, 당신은 언제나 스스로에게 다음과 같은 질문을 던져야 한다. '이 사람의 문제 가운데 그리스도를 믿는 믿음은 어떤 모습으로 드러나는가?'

그 암울한 문제들 가운데 예수님이 선포되어야 한다. 그리고 목사는 그곳에 뛰어들기를 두려워해서는 안 된다. 그렇다. 당신이 개인적인 사역에서 직면하는 많은 문제들이 당신의 경험과 문제 해결 능력을 뛰어넘는다. 그러나 다음의 두 가지 사실을 기억하라.

첫째, 인생에서 모든 일이 다 그렇지만, 암울한 문제 속에서 길을 찾는 기술은 오로지 "실습을 통해서만" 숙련된다. 성도 가까이에서 그들을 돌보는 목사의 능력은 그가 그 임무를 겸허히 받아들일 때에만 향상된다. 물론 그 과정에서 목사는 무수히 많은 실수를 저지를 것이다. 문제를 이해했다고 속단하거나 그들의 반응을 두려워해 권위 있게 조언하지 못할 수도 있다. 하지만 실수는 개선을 위해 필요한 부분이다. 타격을 최소화하려면 겸손을 갖추어야 한다. 말씀으로 사람들을 섬기면서 당신이 지닌 관점의 한계를 깨달으라. 사람들을 섬기는 방법에 대해서는 다음 장들에서 설명할 것이다. 이번 장의 주안점은 실패에 대한 두려움 때문에 어두운 지점을 피하려고 하면 안 된다는 것이다.

이 과정에서 당신이 성장할 것을 굳게 믿으라. 당신은 사람들 상호 간의 관계에서 일어나는 미묘한 역학 관계를 알게 되고, 문제를 평가하고, 피상담자로 하여금 자신의 생각이나 욕구의 패턴을 깨닫게 하고, 성경적이고 도움이 되는 방식으로 상황을 전개해나가는 요령을 습득하게 될 것이다. 당신의 성장은 마치 활엽수의 성장과 같이 거의 감지하기 힘들 것이다. 그러나 몇 달, 몇 년이 지나 뒤를 돌아보면 당신은 틀림없이 성장해 있을 것이다.

둘째, 어두운 곳에서 길을 찾아나갈 수 있다는 확신은 우선적으로 당신이 아닌 그리스도 안에 있다. 이 사실은 대단히 중요하다. 이 책의 서두에서 한 말을 기억하라. 사역의 목적은 그리스도다. 그러나 기억하라. 사역의 수단 역시 그리스도다.

"이를 위하여 나도 내 속에서 능력으로 역사하시는 이의 역사를 따라 힘을 다하여 수고하노라"(골 1:29).

바울의 힘의 근원은 그리스도이시며 그분이 공급하시는 힘은 강력하다. 이것이 우리의 확신의 근거이며, 우리가 인간의 문제라는 캄캄한 물속으로 담대하게 들어갈 수 있는 유일한 이유다.

궁극적으로 당신이 얼마나 상담 기술을 숙련시키든 간에 당신의 확신은 그 기술에 있지 않다. 당신의 확신은 그리스도의 말씀 선포에 수반하는 그분의 복음의 능력에 있다. 강단에 적용되는 원리는 상담실에도 적용된다. 사역 초기에 우리는 자기 자신의 약점을 깊이 인식하고 있기에 더욱 성령님께 의지하면서 강단에 선다. 그런데 성경 해석 능력과 설교 기술이 늘면서 우리는 하나님께 의지하면서 말씀을 전해야 한다는 사실을 쉽게 잊어버린다. 상담할 때에도 똑같은 일이 벌어질 수 있다. 물론 지금으로서는 상상하기 어려울지도 모르겠다. 그러나 상담 능력의 부족함을 감지한다고 해서 상담을 회피해서는 안 된다. 오히려 당신은 부족하기 때문에 더욱 하나님을 의지하여, 그분만이 할 수 있는 일을 하시도록 해야 한다.

그러므로 목사여, 미지의 영역을 두려워할 필요는 없다. 당신이 목회 사역을 하면서 성도들의 삶 속에 놓인 험난하고 울퉁불퉁한 길을 정기적으로 살피는 임무를 회피해 왔다면 당신은 예수님처럼 목양하고 있지 않은 것이다. 지저분하고 땀에 젖은 목사의 얼굴은 바로 우리 모두가 사랑하는 예수님의 핏자국 선명한 얼굴을 닮은 형상이다.

2장
어디서부터 시작할까

"제게 도움이 필요합니다." 누군가가 주저하면서 꺼내는 한마디 말로 목회 상담이 시작될 때가 있다. 주일 예배 후 예배당 뒤쪽 출입구에 서 있던 목사는 그 나직한 목소리에 무언가가 담겨 있음을 본능적으로 알아차린다. 잠시 대화가 끊어진 사이, 목사는 무엇을 해야 할지 부지런히 생각한다. '무슨 문제일까? 이 분을 도우려면 무엇을 해야 할까? 어디서부터 시작하지?' 그는 상대방이 조용히 털어놓는 말이 간단한 고민부터 복잡한 사안에 이르기까지 어디로든 펼쳐질 수 있다는 사실을 알고 있다.

초기 목표

상담 프로세스에 대해 자세히 설명하기 전에 가장 중요한 목표 몇

개를 숙지해두는 편이 좋겠다. 이 목표들을 기억하고 있으면 상담 도중에 우왕좌왕하거나 갈피를 잡지 못할 위험을 방지할 수 있을 것이다. 건물에 비유하자면 이 목표들은 건축 도면과 같다. 목회 상담에는 세 개의 단순한 목표가 있다.

문제 다루기

첫째, 어쩌면 가장 명백한 목표겠지만 문제를 다루어야 한다. 본래 상담은 문제 주도적 행위다. 물론 다른 사역들과 마찬가지로 상담도 그리스도 중심적이고 말씀이 주도하는 사역이지만, 상담은 일반적으로 어떤 문제에 대한 반응으로서 시작된다. 정규적인 말씀 사역은 자동차에 연료를 공급하고 제대로 작동하게 하는 주유소와 같다. 그러나 차가 고장이 나면 정비소에 간다. 그리스도인은 매주 강단 아래에서 말씀을 듣다가 자신의 삶에 문제가 발생하면 비로소 목사의 사무실을 찾는다.

목사는 문제를 갖고 씨름하는 사람들이 현명하게 대처할 수 있도록 도와준다. 분노는 통제되어야 한다(엡 4:26). 슬픔에는 위로가 필요하다(고후 1장). 두려움에는 평안이 필요하다(시 56:3-4). 빚을 진 부부는 재정을 지혜롭게 관리하고 절약해야 한다. 자해를 하는 청소년이 자해를 그치게 하려면 행동주의적 전략이 필요하다. 진통제에 중독된 전문직 종사자는 의료적 도움을 받아야 한다. 목사는 문제들을 실천적으로 다루어야 한다. 사람들은 실제로 삶의 어려움에 대한 사려 깊은 조언이 필요하다.

그러나 실천적인 전략만으로는 충분하지 않다. 진정으로 기독교적인 상담은 그보다 훨씬 많은 것을 내포한다. 그리스도의 인격과 사역이 기독교 상담의 신학적, 실천적 핵심이어야 한다. 그리스도와 복음은 우리 상담의 기반이자 수단이며 결론이어야 한다. 피상담자와의 상담이 끝날 때까지 그가 그리스도를 더 닮아가도록 안내하지 않았다면 당신의 상담은 기독교적인 상담이 아니다. 이 지점에서 두 번째 목표가 대두된다.

문제와 복음의 연관성 보여주기

둘째, 복음과 우리 삶의 연관성을 보여주어야 한다. 인간은 그리스도를 통해 올바르게 빚어질 때 비로소 올바르게 살게 된다. 사람들은 그들의 가장 큰 가치, 숨겨진 갈망, 세계관이 하나님의 관점과 일치하지 않으면 계속해서 좌절과 역기능으로 점철된 삶을 살 것이다. 그때 그들은 철저히 세상적인 관점으로 문제를 바라볼 것이다.

그러나 복음은 이 땅의 모든 문제들을 영원의 관점에서 재구성한다. 따라서 복음은 모든 문제의 해결에 직접적인 연관성을 갖는다. 하나님의 말씀은 세상 그 어떤 것도 할 수 없는 방식으로 마음속의 건강하지 못한 것들을 훤히 드러내 보이고(히 4:12-13), 혼란스런 것들을 제자리로 돌려놓는다(히 12:12-14). 믿음으로 그리스도의 의를 받아들인 사람은 마음과 삶의 본질과 성격이 변화된다(롬 1:16-17; 6:22-23). 심지어 그리스도의 말씀을 믿기 어려운 때에도 그리스도는 그의 삶에서 넉넉히 신뢰하고도 남을 분이라는 사실을 항상 발견할 것이다(막 9:24).

우리는 평생 이와 같이 복음에 의지해야 한다. 복음은 언제나 삶과 연관성을 갖는다. 그리고 상담자로서 우리의 목표 중 하나는 이 사실을 최대한 분명하게 보여주는 것이다. 이 목표를 달성하려면 우리 모두 자신에게 말하는 자기의존의 거짓말을 드러내야 한다. "이 문제는 내가 스스로 해결할 수 있어." "복음이 교회에서는 유용하겠지만 내 인생에서 복음이 가장 필요할 때에는 실질적인 차이를 만들지 못할 걸." "주님이 날 사랑하신다면 이 문제를 없애주실 거야." "너무 어려운 문제야. 이제 포기하고 더 이상 신경쓰지 않겠어."

목사는 이런 생각들의 한복판에 수류탄을 던져야 한다. 인생에서 문제가 생기는 때는 그리스도께서 부르시는 목소리에 귀를 기울여야 할 때이지 자구책을 강구하거나 절망하며 포기할 때가 아님을 강조해야 한다. 그런 자기의존적 반응은 하나님이 그분의 사랑하시는 자들의 심령 안에서 보기 원하시는 복음적 의존성을 전혀 키워주지 못한다.

그리스도를 닮도록 도와주기

셋째, 우리의 가장 중요한 목표는 성도들이 그리스도를 더욱 닮아가도록 돕는 것이다(엡 4:22-24; 5:1). 인간은 하나님의 형상을 따라 창조되었다. 우리가 하나님의 형상을 닮아갈수록 우리의 삶은 하나님이 원하시는 이상적인 삶에 더욱 가까워진다(롬 8:29-30). 사람은 성화될수록, 자기 영혼을 갉아먹는 목표는 벗어 버리고 그리스도를 닮으려는 목표를 입게 된다. 기억하라. 그리스도는 상담의 수단이자 목표이시다.

언뜻 생각하면 이 세 번째 목표는 우울증으로 고통스러워하거나 자녀를 잃은 슬픔을 극복하려고 애쓰는 사람에게 그리 유용하지 않아 보일 것이다. 목사로서 당신의 역할은 즉각적인 행복이나 슬픔 제거보다 그리스도를 닮아가는 삶이 훨씬 좋은 목표라는 사실을 강력하게 보여주는 것이다. 물론 우리는 우울증에 시달리는 사람의 마음을 밝히고 슬픔에 젖은 사람을 위로하기 위해 노력하겠지만, 거기에서 멈추지 않는다. 우리는 그들이 그리스도를 닮는 것을 추구하고 그렇게 되어 가는 영광을 보기 원한다. 상대가 그리스도인이든 아니든 목사의 상담은 단순하다. 그리스도를 닮는 삶이 가장 풍성하게 사는 삶이다(요 10:10).

솔직히 말해서 이 목표는 상담의 효과를 더욱 가늠하기 어렵게 한다. 그리스도를 닮아가는 정도를 정확히 어떻게 측정하겠는가? 물론 욕구와 행동의 변화, 사고방식의 변화, 정결해지는 관심사 등 몇 가지 지표가 있다. 그러나 진전이 얼마나 있었는지, 목표를 이루려면 얼마나 남았는지 정확하게 가늠할 수는 없다. 목사는 그리스도께서 자신에게 속한 자를 반드시 새롭게 하신다는 사실을 굳게 붙든다. 이는 사도 바울이 계속해서 수고한 근거이며, 또한 우리가 수고하는 근거이기도 하다.

"너희 안에서 착한 일을 시작하신 이가 그리스도 예수의 날까지 이루실 줄을 우리는 확신하노라"(빌 1:6).

상담이 시작되는 유형

지금까지 상담 목표들에 대해 알아보았으니, 이번에는 상담이 보통 어떻게 시작되는지 살펴보도록 하겠다. 모든 상담이 똑같은 방식으로 시작되지는 않는다. 물론 문제를 갖고 고민하는 당사자가 도움을 구함으로써 상담이 시작될 수 있지만, 그밖에 도움이 필요한 사람의 측근이나 목사 자신에게서 상담 시작이 비롯되기도 한다.

당사자에게서 시작되는 상담

당사자에게서 비롯하는 상담은 보통 상담이 가장 자연스럽게 발생하는 경우다. 그가 목사에게 상담을 요청하는 이유는 자기 자신에게 도움이 필요하다는 사실을 알고 있기 때문이다. 머뭇거리던 어느 성도가 화요일 오전에 전화를 걸든, 모호한 말투로 이메일이나 문자 메시지를 보내든, 예배당 뒤편 출입구에서 작은 목소리로 말을 걸어오든, 어떤 식으로든 당사자가 목사에게 직접 연락하는 것이다. 이런 대화는 보통 세 단어로 축약할 수 있다. "제가 도움이 필요합니다."

대화가 시작되면 목사는 왜 그 사람이 도움을 필요로 하는지 탐지할 수 있다. 이에 대해서는 차후에 더 자세히 알아볼 것이다. 지금은 목사가 도움을 요청한 사람을 격려해주어야 한다는 정도만 짚고 넘어가겠다. 설령 그가 말한 문제를 파고들어보니 그가 말한 문제는 배후에 도사린 진짜 문제와 거의 관련이 없다는 것을 발견한다해도, 하나님이 그에게 겸손한 마음을 주셔서 그가 도움을 구한 점을 칭찬해도 좋다.

당사자에게서 비롯하는 상담은 양이 목자에게 도와달라고 소리 내어 부르짖는 경우다. 그러면 목자는 기쁜 마음으로 상처 입은 양을 기꺼이 도와주어야 한다(벧전 5:2).

측근에게서 시작되는 상담

상담이 시작되는 또 다른 유형은 그의 친구나 그를 사랑하는 이가 도움을 요청하는 경우다. 소그룹 리더가 자기 조원이 겪고 있는 문제에 대해 당신에게 귀띔한다. 기숙사에서 지내는 청년이 자기 룸메이트의 희한한 습관에 대해 털어놓는다. 십 대 청소년의 부모가 반항적인 자녀의 문제에 대해 도움을 청한다. 우리의 경험에 비추어 보면, 측근에게서 시작되는 상담의 가장 흔한 유형은 아내가 남편에 대해 상담을 요청하는 경우다. 이 유형은 함께 숙고해볼 만한 매우 좋은 사례로서 타인에게서 시작되는 상담의 장점과 잠재적인 단점을 동시에 보여준다.

신약성경은 교회 멤버들이 다른 멤버들의 삶을 주시하고 돌봐야 한다는 비전을 제시한다(갈 6:1-2; 히 3:12-13; 약 5:19-20). 이에는 목사가 자기 양들의 필요를 알게 하여 최선의 목양을 할 수 있게 하는 것을 포함한다. 아내가 남편의 영적 상태가 염려될 때 목사에게 말하는 것은 합당한 일이다.

그러나 상담자는 측근에게서 시작되는 상담의 잠재적인 단점에

유의해야 한다. 첫째, 아내(배우자)가 치우치거나 제한된 시각으로 문제를 바라볼 수 있다. 아내가 부지불식간에 문제의 원인에 기여하고 있을 수도 있는 것이다. 따라서 목사는 그 배우자 또한 성경적인 관점을 가질 수 있도록 도와야 할 필요가 있을 수 있다는 점을 염두에 두어야 한다. 잠언 18장 17절은 다음과 같이 말한다.

> "송사에서는 먼저 온 사람의 말이 바른 것 같으나 그의 상대자가 와서 밝히느니라."

이 잠언 말씀에 따라 목사는 측근의 문제를 털어놓는 사람과 만날 때 먼저 그의 이야기를 잘 들어야 한다. 섣부르게 결론을 내리지 말고 그에게 질문하면서 진짜 문제가 무엇인지 파악해야 한다.

둘째, 측근에게서 상담이 시작되는 경우, 당사자가 스스로 상담을 요청하는 경우에 비해 마음이 충분히 열리지 않았을 수 있다. 문제의 당사자가 직접 나서지 않았다면 그가 아직 마음의 준비가 되지 않았을 수도 있고 도움 받기를 꺼려할 수도 있다. 이 경우, 제3자의 말을 들은 목사의 개입이 사태를 악화시킬 수도 있다. 따라서 이런 경우 최선의 조치는, 말을 꺼낸 측근에게 그 문제의 당사자가 직접 목사에게 연락하도록 독려해보라고 조언하거나, 최소한 목사가 그에게 연락을 해도 괜찮을지 여부를 확인해달라고 부탁해야 한다.

경우에 따라 상황의 급박함이 당사자 요청 없는 개입을 정당화하기도 한다. 그런 경우, 당신은 그가 그리스도를 바라보도록 하겠다는 결심과 인내심을 갖고 그 사람에게 접근해야 한다. 또한 이 문제를 누가 처음 언급했는지를 솔직하게 밝히는 것이 최선이다. 당신은 문제를 처음 언급한 측근에게, 당신이 그의 이름을 밝힐 것이며, 이웃을 사랑하는 마음으로 성경적인 방편으로서 이 일에 개입하게된 그의 입장을 변호해주겠다고 알려주어야 한다. 제보한 사람을밝히지 않고 누군가에게 접근하는 것은 교회를 교회로 대하지 않는것이다. 솔직하게 밝히는 편이, 자칫 관계가 어색해질 가능성을 미연에 방지하고 한층 빠르게 마음을 열고 상황을 진척시킬 수 있다.

측근에게서 시작되는 상담은 양이 목자에게 동료 양의 방황을 알려주는 경우다. 이때 목자는 지혜롭게 다가가야 한다.

목사에게서 시작되는 상담

상담을 시작하는 또 다른 유형은 목사가 당사자의 삶에서 어떤문제를 감지하고 먼저 접근하는 경우다. 이 경우 종종 어색한 분위기가 형성되기도 하지만, 양을 돌보기 위해 양에게 다가가는 것은목사의 마땅한 의무이다(딛 2:15; 히 13:17). 목회적 권위의 행사는 절대로 누군가를 윽박지르거나, 구슬리거나, 논쟁하거나, 조종하는 기회가 되어서는 안 된다. 순수함과 효율을 둘 다 추구한다는 명목으로성도들에게 매우 무뚝뚝하게 다가갔다가 성도들의 형편없는 반응만 초래한 목사들도 있었다.

목사는 오래참음과 사랑에 기반한 솔직함으로 다가가야 한다(살전 5:14). 요령뿐 아니라 용기도 필요하다. 요령이나 용기는 사역을 하면서 발전한다. 따라서 목사는, 위대하신 목자장께서 친히 함께 하신다는 것을 기억하고 상담에 임하기를 주저하면 안 된다. 당신이 겸손과 오래참음으로 옷 입을 때, 당신은 당신의 성도들의 마음을 움직여서 그들이 미처 필요성을 깨닫지도 못했던 은혜를 추구하게 만들 수 있을 것이다.

목사에게서 시작되는 상담은 목자가 길 잃은 양을 발견하고 그 양을 찾아나서는 경우다. 이때 목자는 그를 도와주기 위해 노력하면서 오래참음과 인내를 보여주어야 한다.

초기 단계의 접촉

당신이 목사로서 어떤 사람에게 관심을 기울일 필요가 있다는 결론에 도달했다면 어떻게 상담을 시작해야 할까? 초기 단계의 접촉에는 다음의 세 가지 사항이 포함된다. 바로 사전조사, 우선순위 정하기, 추적이다.

사전조사

문제에 대한 사전조사는 거의 항상 필요하다. 사전조사는 특정 형식을 갖춰서 진행할 수 있다. 형식을 갖춘 사전조사는 피상담자에게 인적사항 서식을 전달하고 그가 자신의 문제와 그에 대한 관점을 해당 서식에 맞게 기입해 제출하는 방식을 채택할 수 있다(우리는 부록 3에 사전조사를 위한 서식을 첨부했다). 한편 약식으로 사전조사를 할

수도 있다. 그 경우에는, 피상담자에게 자신의 문제에 대해 한두 단
락 정도로 적어 달라고 요청하면 된다.

사전조사에는 이점이 많다. 목사는 첫 상담 전에 자료를 동원할
시간을 확보할 수 있다. 해당 문제에 더 전문적인 지식을 갖춘 사람
을 찾아내거나 피상담자에게 추천할 만한 도서를 구하거나 유사한
문제를 겪었던 다른 멤버에게 도움을 요청할 수도 있다.

또한 사전조사를 하면 상담 시간을 갖기 전에 당신은 피상담자와
그의 문제를 위해 기도할 수 있다. 우리는 목사가 상담 당일의 아침
경건 시간에 상담대상자를 위해 기도하는 습관을 갖기를 권고한다.
이런 좋은 습관을 길러 두면 누군가를 도와야 할 때 하나님이 주시
는 지혜가 아닌 자신의 지혜에 의존할 위험을 사전에 방지할 수 있
다(약 1:5-8).

그밖의 이점으로는, 피상담자로 하여금 상담에 임하기 전에 자신
의 생각을 정리해보게 한다는 것이다. 종종 자기 문제를 어떻게 설
명해야 할지 모르는 상태로 상담에 나오는 사람들이 있다. 이런 경
우 피상담자는 당신에게 이야기하는 도중에 자기가 처한 복잡한 상
황을 정리하느라 애를 먹는다. 우리 경험으로 미루어 보아도, 상담
실에 들어와서 자신의 삶에 대해 간결하고 일목요연하게 설명하는
사람은 드물었다. 피상담자가 자기 이야기를 장황하게 늘어놓는 바
람에 목사가 다시 내용을 정리해야 하는 경우가 훨씬 많았다. "제
고민은요…제 아내는 저를 싫어하고…제 생각에는 이래야할 것 같
은데…사람들이 늘 저한테 이런 말을 하는데…" 이야기가 어찌어

찌 끝나면 당신은 벌써 20분이 훌쩍 지났다는 사실을 깨닫게 된다. 상담 전에 문제의 성격을 미리 파악하고 있으면 갖가지 설명이 쏟아질 때 내용을 정리하기가 한층 수월하다.

우선순위 정하기

당신은 이미 목사로서 당신의 한계를 뼈저리게 자각하고 있다. 당신이 지닌 시간과 에너지는 한정되어 있다. 우리는 하나님이 당신에게 성도들을 위해 시간과 에너지를 사용할 짐을 지우셨다고 믿는다. 이 일을 가장 효율적으로 감당하려면 어떤 상황에 어느 정도의 시간을 할애해야 할지 우선순위를 정해야한다. 사전조사가 끝나면 몇 가지 요소를 따져볼 수 있게 된다.

필요한 시간. 단순한 수준의 부부 갈등이나 행동 문제는 뿌리 깊은 가치관 문제나 고질적인 행동 문제에 비해 시간이 덜 소요될 수 있다. 시간이 덜 소요되는 문제에 우선순위를 두어야 한다는 말이 아니다. 사실 시간이 더 많이 드는 문제가 통상 가장 집중해야 하는 문제이다. 목사는 문제마다 얼마만큼의 시간이 필요한지 파악해야 한다. 경험이 쌓이면 필요한 시간에 대한 감을 잡을 수 있게 된다.

문제 탐구의 깊이. 어떤 문제는 피상담자의 생각과 욕구, 개인적인 역사, 인간관계 등에 대해 아주 깊이 탐구해야 한다. 일반적으로 더 심층적인 탐구가 필요한 문제에 우선순위를 둔다. 문제가 한결 단순한 편이면 자원하는 마음과 역량을 갖춘 소그룹 리더나 그리스도인 친구가 상담을 진행할 수도 있을 것이다.

긴급성. 상담을 요청한 사람에게는 자신의 문제가 긴급하다. 그러나 목사인 당신의 역할은 피상담자가 다른 사람들의 필요라는 맥락 속에서 자기 문제를 바라보도록 인도하는 것이다. 어떤 문제는 다른 문제보다 상대적으로 긴급하지 않다. 현명한 목사는 자기 자신과 목회스탭들, 동료 장로들, 상담에 도움이 될 전문적 지식을 갖춘 성도들이 할애할 수 있는 시간을 안다. 적어도 상담 업무 부담이 가벼워질 때까지는 덜 긴급한 문제를 가진 피상담자는 "정기적으로 말씀을 들으며 성장하라"고 격려하는 것으로 단 한 번만에 상담을 끝내면서 죄책감을 가질 필요가 없다. 교회의 다른 사역들을 활용하는 방법에 대해서는 7장에서 다룰 것이다.

복음 안에서 교제하는 동료의 유무. 또 다른 요소는 피상담자의 인간관계다. 피상담자의 주위에 누구를 인도할 만큼 복음의 정신으로 충만한 동료가 거의 없다면 그 사람과의 상담을 더 높은 우선순위에 둔다. 목사는 안내자 하나 없이 더듬거리는 영혼을 발견하면 기꺼이 돌보아야 한다. 피상담자가 속수무책의 상황에 처했는데 신실한 안내자가 없는 상황이 종종 생긴다. 이런 사람은 목사가 직접 상담할 뿐 아니라 공동체 생활로도 연결시켜주어야 한다.

추적

첫 접촉에서 고민해야 할 마지막 사항은 피상담자를 얼마나 오랫동안 상담해야 하는가이다. 인정하건대 누구를 얼마나 계속해서 상담하느냐는 사안은 목사에게 정말 가늠하기 어려운 문제다. 목사는 문제의 긴급성과 당사자의 반응, 다른 회중의 필요들 등을 측정해야 한다. 피상담자의 측근이나 목사 자신에게서 시작된 상담일 경우에는 특히 어렵다. 목사와 계속 상담을 하기 원하는 사람은 별로 없기 때문이다. 그러나 목사는 종종 상담을 회피하는 사람을 추적해야 하는 임무를 맡을 때가 있다. 경험이 많은 목사는 추적의 정도를 능숙하게 판단할 것이고, 상황에 따라 방식을 달리하며 접근할 것이다. 몇 가지 경우의 수를 간단히 소개하자면 아래와 같다.

초반에는 관심을 보이다가 나중에는 회피하는 유형 : 죄의 자각이나 절박함 때문에 혼란에 빠진 사람이 목사에게 도움을 청한다. 그런데 막상 당신이 관심을 갖고 후속 연락을 취하자 당혹스러워하면서 회피하는 것이다. 당신은 그가 빠져나가지 않게 함으로써 그를 섬겨야 한다. 끈기를 갖고 대하고, 강권해서라도 최소한 첫 번째 상담은 하게 해서 상황을 살피라. 첫 상담을 받기까지 망설이던 사람들도 두려움을 극복하게 되면 상담이라는 과정의 가치를 깨닫는 경우가 자주 있다.

관심이 없거나 분주한 유형 : 도움을 구하려는 욕구를 그 마음속에 주입시킬 수만 있다면 우리의 임무는 훨씬 수월할 것이다. 하지만 그렇게 할 수 없으니 도움을 구하는 것의 중요성을 잘 설명해줄 수 있도록 준비를 해야 한다. 일반적으로 피상담자와의 첫 접촉은 그렇게 어렵지 않은데, 후속 상담 약속을 잡는 것이 어려울 수 있다. 경우에 따라 피상담자의 일정이 너무 빡빡해서 상담할 시간을 확보하기 어려울 수도 있다. 이런 경우에는 우선순위라는 관점에서 사람들에게 접근하는 것이 가장 좋다. 당신과 상담하기 위해 시급 1,500달러를 지급하겠다고 말하면, 그는 상담에 대한 관심은 물론 시간까지 만들어 낼 것이다. 그런데 당신이 말씀을 통해 그에게 제공할 수 있는 기쁨과 평안은 돈보다 무한히 더 큰 가치가 있다.

적대적인 유형 : 교회 안에서도 여러 가지 이유로 교회 리더들에 대해 적대적인 사람들이 가끔 있다. 개인적으로 특정 목사를 불신해서 적대감을 표현하는 사람은 다른 목사나 목회스탭에게 인도해 상담을 받게 할 수 있다. 물론 장기적인 관점에서는 관계 회복을 추구해야 할 것이다. 그러나 피상담자의 적대감을 이해하려는 노력은 그의 영혼을 돌보는 일에 있어 매우 중요하다. 적대감은 그의 문제들 중 최소한 하나의 중요한 문제를 일으키는 직접적인 원인이다. 자기 교회의 리더십 전체에 대해 적대적인 사람이라면, 교회 장로들은 그 사람이 다른 좋은 교회의 목사로부터 도움을 받도록 연결시켜주는 것이 지혜로운 처사일 수 있다.

지나치게 열성적인 유형 : 어쩌면 당신은 하루에 같은 사람으로부터 여러 번 전화를 받는 느낌에 대해 알고 있을지도 모르겠다. 이런 사람들이 당신을 찾고 의지하는 빈도는 금방 과도해지고 당신은 그런 생각을 하는 것에 대해서조차 죄책감을 느낄 수도 있다. 죄책감을 갖지 말라. 당신에게 너무 과도한 의존을 하지 않게 돕는 것도 당신이 그들을 사랑하는 방법 중 하나다. 목사에 대한 과도한 의존을 허용하지 말고 초반에 적절한 기본 원칙을 정해주는 편이 언제나 그들에게 더 유익하다. 그들은 하나님이 그들의 영원한 피난처

이시고, 당신은 그들의 기나긴 인생 여정 속에 충실하게 함께 걸어
갈 하나님의 종들 중 한 명이라는 사실을 배워야 한다. 또한 그들은
하나님의 종들이 모두 한계가 있다는 사실도 배워야 한다.

목사는 위와 같은 모든 상황 속에서 상담을 지나치게 강요하는
일은 지양해야 한다. 종종 하나님의 때는 우리의 때와 다르고, 우리
가 맡은 영혼들을 면밀하게 섬김의 눈으로 지켜보면서 그들을 하나
님께 의탁할 수 있다. 하나님은 의도적으로 그들이 자기 문제로 이
리저리 씨름하도록 내버려두실 수도 있다. 또는 다른 방법을 통해
말씀이 그들의 삶을 관통하여 그들의 마음이 변화되는 것이 하나님
의 뜻일 수도 있다. 우리는 우리가 생각하는 특정 방식이 가장 적절
하다고 고집하지 말고 겸손히 하나님의 여러 방법들에 대해 마음이
열려 있어야 한다.

반면, 명백히 죄를 짓고 살면서 자기 자신과 주변 사람들을 망치
는 이가 있다면 반드시 목사와 면담하게 해야 한다. 그 사람이 이를
거부한다면, 그 거부하는 행위는 그가 그 죄를 회개하기를 거부하
는 더 큰 거부를 의미하는 것일 수도 있다. 이는 나중에 교회의 권
징이라는 절차로까지 진행될 수 있다.

다음 단계 : 상담 방법

지금까지 상담이 어떻게 시작되는지 살펴보았으므로, 이제 상담 방
법을 확립할 차례다. 이것은 상담의 개념을 정립하는 마지막 단계

가 될 것이다. 이것을 마치면, 상담 프로세스로 나아갈 준비가 되어
있을 것이다.

3장
상담 방법 : 실제로 어떻게 상담할 것인가

당신은 고작 서너 쪽 분량으로 구성된 한 장(chapter)으로 설교법을
완벽하게 전수해 주겠다고 주장하는 작가를 절대 신뢰하지 않을 것
이다. 우리도 상담 방법을 그런 식으로 가르칠 생각은 없다. 그러나
당신은 상담 시간을 구성하기 위한 어떤 틀을 갖고 있어야 한다. 우
리는 상담에 가장 필요한 요소들을 요약함으로써 당신이 명확한 구
조를 갖고 상담에 임할 수 있도록 돕고자 한다. 이번 장에서 우리는
'문제 다루기, 문제와 복음의 연관성 보여주기, 그리스도를 닮도록
도와주기'를 상담의 세 가지 주요 목표로 제시한다. 이 세 가지 목
표에 유념한다면 피상담자에게 유익한 조언을 할 가능성이 훨씬 높
아질 것이다.

당신도 알겠지만 목회 상담은 간단하면서 자비롭게 "그러지 마
십시오."라고 말하거나 말씀 구절을 조금 인용하고는 "이 말씀이 당

신에게 도움이 될 것입니다."라고 조언하는 수준의 활동이 아니다. 목회 상담은 최소한 '듣기, 생각하기, 말하기'의 세 가지 핵심 요소를 포함한다. 목사는 상담의 세 가지 요소를 적극 활용해 피상담자가 겪는 문제를 끄집어내, 면밀하게 검토해보고, 해결책으로서 구속적 통찰redemptive insights을 제공해야 한다.

상담 방법

상담의 목표가 건축 도면이라면, 상담 방법은 시공을 위한 실행 계획과 같다. 기초를 닦고, 구조를 형성하고, 마무리 작업으로 끝맺는다.

목회 상담은 이와 유사한 절차를 밟는다. 듣는 단계에서 생각하는 단계로, 그리고 말하는 단계로 이동한다.

- 문제에 대해 듣기 : 피상담자의 삶과 문제에 대해 듣고 이해한다(잠 18:2, 13; 약 1:19).
- 마음의 반응을 생각하기 : 그 사람의 마음이 하나님, 자기 자신, 타인, 상황에 대하여 어떻게 반응하고 있는지 파악한다(잠 20:5).
- 사랑으로 진리를 말하기 : 때에 맞게 가르치고, 위로하고, 경고하고, 격려하고, 조언하고, 교훈한다(고후 1장; 골 3:16; 살전 5:14).

'듣기, 생각하기, 말하기'는 우리가 제시하는 방법론의 핵심이다. 이 세 가지 요소가 상담 과정 전체를 구성한다.

1. 문제에 대해 듣기

당신은 무슨 일이 일어나고 있는지 파악하고 싶지만 피상담자는 종종 되는 대로 이야기하면서 자기의 문제를 뒤죽박죽으로 나열할 때가 있다. 당신은 상대방이 한층 차분하게 말을 이어나갈 수 있도록 내용을 차근차근 정리하면서 그를 도울 수 있다. 정리에 도움이 될 만한 요령을 제시하자면 다음과 같다.

- 상황 : 무슨 일이 벌어지고 있는가? 피상담자는 어떤 상황을 가장 중요하게 생각하는가?
- 타인 : 피상담자의 이야기에서 가장 두드러지는 사람들이 누구인가? 그 사람들은 그를 어떻게 대하고 있는가? 그는 그들을 어떻게 대하고 있는가?
- 자기 자신 : 그는 자신의 문제에 대해 어떤 태도를 취하고 있는가? 그는 자기 자신을 어떻게 묘사하는가?(피해자, 가해자, 열등함, 우월함, 무지함, 통찰력 있음, 혼란스러움, 냉철함, 죄책감을 느낌, 무고함)
- 하나님 : 그는 자기 문제에서 하나님을 어떻게 감안하는가? 그는 자신의 곤경에 대해 하나님이 어떻게 관여하신다고 생각하는가?

2. 마음의 반응을 생각하기

상황에 대한 기본적인 지식을 습득했으면 당신은 각 영역에서 피상담자의 마음이 어떻게 반응하는지 알고 싶을 것이다. 그는 믿음의 반응을 보일 수도 있고, 다른 반응(두려움, 분노, 낙담, 음욕, 방종, 회피, 무지, 슬픔, 실망, 불만, 의심)을 보일 수도 있다.

- 상황 : 피상담자는 상황과 그 상황에 대한 그의 반응을 구별하는가? 그의 반응은 믿음에서 기인하는가, 믿음이 아닌 다른 것에서 기인하는가?
- 타인 : 다른 사람들을 사랑하고 있는가? 다른 사람들에게서 비성경적인 영향을 받고 있는가?
- 자기 자신 : 그는 어떤 정체성을 갖고 행동하는가? 즉, 그의 행동을 규정하는 신념이나 가치관은 무엇인가? 그의 정체성은 복음이 그에 대해 말하는 내용과 얼마나 일치하는가?
- 하나님 : 그는 하나님이 그분의 말씀 그대로의 존재이시며 말씀하신 대로 행하시는 분임을 믿는가? 아니면 드러내 말하지는 않지만 하나님을 다른 식으로 생각하고 있는가?

3. 사랑으로 진리를 말하기

듣고 생각하는 과정을 거친 후에야 피상담자의 필요에 정확히 맞는 말을 해줄 수 있다. 목사는 피상담자의 마음의 반응에 따라 그를 말씀으로 가르칠지, 위로할지, 경고할지, 격려할지, 조언할지, 훈계할지 알게 된다. 목표는 피상담자의 마음의 반응에 대해 말함으로써 그의 믿음을 일으키는 것이다. 믿음은 바른 반응을 일으키는 유일한 수단이다(히 11:6, 13-16; 12:1-2). 그리고 믿음은 그리스도의 말씀을 들음으로 말미암는다(롬 10:17). 따라서 상담은 반드시 성경적이어야 한다. 당신이 피상담자의 필요에 맞게 말할 수 있는 몇 가지 적절한 방법을 제시한다.

- 상황 : 목사는 상황에 맞는 성경적인 지침을 제공한다. 슬픔에 잠긴 이에게는 하나님 안에서 발견하는 소망을 제시하여 위로한다(롬 8:18-25). 학대당한 이에게는 법적인 보호를 제공하고(롬 13:1-4) 학대한 자를 용서하도록 권한다(눅 6:27-36). 근심에 싸인 이에게는 그의 마음에 있는 두려움이 실은 사랑이 많으신 하나님께 적극적으로 맡겨야 하는 욕구의 존재를 드러내는 것임을 지적한다(빌 4:4-13).

- 타인 : 목사는 피상담자가 성경적인 관점에서 그리스도의 존엄성과 겸손을 갖고 타인과 관계 맺을 수 있도록 돕는다. 적극적인 신앙은 이웃을 두려워하거나 이용하는 것이 아니라 그들을 사랑하는 것이다(롬 13:8-10). 다른 사람들의 잘못과 죄를 현실적으로 자각하면서도 그들에게서 최선을 기대하도록 돕는다(롬 12:17-21). 이웃을 위해 개인의 사리사욕을 버릴 수 있게 도와준다(빌 2:1-8).

- 자기 자신 : 목사는 피상담자에게 비성경적인 정체성에서 빠져나와 그의 정체성을 그리스도 안에 두라고 촉구한다. 사람들은 성공한 사업가, 존경받는 목사, 능력 있는 어머니와 같은 정체성에서 생명을 찾으려고 한다. 그러한 시도는 오직 그리스도 안에서 확신을 구하는 태도와는 정면으로 대치된다(빌 3:3-16).

- 하나님 : 무엇보다도 목사는 피상담자가 말씀에서 하나님에 대해 더 정확한 관점을 갖도록 도와주어야 한다. 피상담자가 우리 삶에 의미

를 부여하고 인간의 영혼을 영속적으로 변화시키는 유일한 길이 되시는 하나님을 알고 신뢰하도록 돕는다(렘 9:23-24; 골 1:9-10).

듣기, 생각하기, 말하기로 구성된 방법론을 도식화하면 아래와 같다.

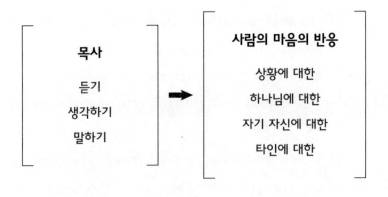

결론

우리는 지금까지 세 장에 걸쳐 상담의 '개념'을 설명했다. 먼저 목사의 수고로서의 상담의 비전을, 그 다음으로는 상담의 포괄적인 목표를, 그 다음으로는 상담의 방법을 설명하였다. 지금까지 다룬 내용으로, 당신은 상담 프로세스를 이해할 수 있었을 것이다. 우리의 안내대로 전체적인 상담 형태를 훑어봄으로써 누군가를 상담할 준비를 잘 갖추게 되기를 바란다.

❖ 상담실에서 유용한 몇 가지 팁 ─────────

- 피상담자가 울음을 터뜨릴 경우를 대비하라 : 피상담자가 앉을 소파나 의자 옆에 티슈 한 상자를 놓아두라. 경우에 따라 피상담자가 감정이 격해진 나머지 티슈가 있는지조차 모를 수 있는데, 그럴 경우에는 "옆에 티슈 있습니다."라고 알려주면 된다.
- 시계를 전략적으로 배치하라 : 피상담자의 자리 위, 당신의 시선이 자연스럽게 닿을 만한 곳에 시계를 걸어 두라. 상담하는 동안 당신의 손목시계나 휴대전화를 보지 말라. 피상담자의 마음이 조급해질 수 있다. 피상담자가 시간을 의식하지 않도록 하되, 당신은 가끔 시간을 확인하면서 상담 시간을 조절하라.
- 언제나 당신의 자리가 보이게 하라 : 사무실 문은 큼직한 통유리로 만들어 당신이 최대한 잘 보이게 해야 한다. 피상담자가 앉을 자리는 밖에서 보이지 않는 위치에 두어야 하지만, 당신의 의자는 유리문 밖에서 보이게 배치하라. 그리고 비서 등 다른 목회스탭의 자리를 당신의 사무실 문 바로 앞 공간에 배치하라.
- 추천할 책들만 책꽂이에 꽂아 두라 : 우리는 우리에게 영감을 주는 책이든 아니든 정기적으로 독서를 해야 한다. 그러나 상담실 책꽂이에는 당신이 피상담자에게 추천하고 싶은 책들만 꽂아 두라. 피상담자가 상담실에 들어오면 방 안을 살펴보다가 책 제목들을 살펴보면서 '저 책이 유용해 보이는군. 우리 목사님이 저 책을 읽으시나 보다.'라고 생각할 것이다. 그러니 적절하지 않은 책들은 상담실에서 치워 두라. 그렇게 함으로써 당신이 추천할 책에 대한 혼란을 방지하게 된다.

2부

상담 프로세스

4장
첫 상담

첫 상담 시간을 가장 두려워하는 사람을 선발하는 대회가 열린다면 목사가 우승할 것이다. 도움을 구하는 쪽도 자신의 개인적인 문제를 털어놓을 생각에 몹시 긴장하겠지만, 목사는 상대의 이야기를 들을 생각에 더 긴장하고 있다. 목사는 생명을 불러 일으키는 대답을 해야 하는 사람이다. 아니 적어도, 지나치게 죽음을 일으키지는 않아야 한다.

그런 불안감 속에서, 목사가 도움되지 않는 반응을 할 수가 있다. 이를테면 상담 시간을 너무 두려워한 나머지 상담 시간을 끝내는 것 자체가 목표가 된 경우이다. 그래서 그는 시간을 때우려고 문제와 긴밀한 연관성이 없는 질문 목록을 준비해 온다. 또는 상담 시간 내내 이야기할 만한 책이나 성경 구절을 찾아 압박감을 떨쳐낼 수도 있다. 어쩌면 앞의 두 가지를 애매하게 조합하는 경우도 있다.

2장에서 우리는 상담의 주요 목표 세 가지로서 '문제 다루기, 문제와 복음의 연관성 보여주기, 그리스도를 닮도록 도와주기'에 대해 알아보았다. 이 목표들은 건축 도면과 같다. 그리고 2장에서 초기 단계의 접촉을 위한 준비에 대해서도 살펴보았다. 3장에서는 상담의 주요 목표들을 달성하는 상담 방법에 대해 알아보았다. 이러한 준비 과정과 방법론은 전체 건물을 쌓아올리기 전에 행해지는 기초 공사와 같다.

상담 프로세스 뒤편에서 상담 방법을 확립했으므로 이제부터는 첫 상담이 어떻게 진행되는지 살펴보자. 첫 상담을 한다고 해서 반드시 한 달간의 상담 여정이 펼쳐지는 것은 아니다. 대부분의 목사들은 피상담자를 몇 달, 몇 년씩 장기간 만날 수가 없다. 빽빽한 일정, 설교 준비, 가족과 함께하는 시간을 확보할 필요 등 여러 가지 이유로 인해 성도를 돌보는 일은 단기 과정으로 이루어지기 마련이다. 한 사람과 상담을 시작하면 일반적으로 1~5회, 종종 6~10회, 드물게는 10회 이상의 상담을 하게 된다. 단기간의 상담이라도 이 같은 방식은 매우 효율적일 수 있다. 특히 공적(설교, 교육, 찬송, 기도), 개인적(교회 내 모임, 교제, 일대일 제자훈련) 정규 말씀 사역과 함께 행해지는 상황이라면 더욱 그렇다.

첫 상담은 주로 상대방의 이야기를 듣는 데에 많은 시간을 할애한다. 그러나 잘 들으라는 조언은 별로 유용하지 않으니, 첫 상담의 구체적인 목표 네 가지를 제시하고자 한다. 이 목표들은 서로 겹칠 수도 있으니, 반드시 서로 구별되어 있는 목표라고 생각할 필요는 없다.

관계 형성하기

먼저 관계를 형성하라. 피상담자가 상담실에 들어오면 그와 인사를 나누고 밝은 분위기로 일상적인 일들에 대해 담소를 나눈다. 상대방과 아는 사이라면 이런 대화가 쉽게 진행되겠지만 그를 모르면 불가능하다. 이때 직장에서 즐거웠던 일과 힘들었던 일, 주말은 어떻게 보냈는지, 최근 뉴스, 내일 있을 큰 스포츠 경기 등의 이야기를 나눌 수 있을 것이다. 간단한 대화를 나누다 보면 피상담자는 그가 처한 문제가 인생을 결정짓는 요소는 아니라는 감각을 되찾게 될 수 있다.

그러나 목사는 한층 무거운 문제로 화제를 전환할 책임을 부담한다. 당신은 "제가 오늘 어떻게 도와드리면 좋을까요?"라고 물어보거나, 이미 상담 준비를 마쳤다면 "보내주신 문서를 잘 받았고, 선생님을 위해 기도했습니다. 상황이 어떻게 진행되고 있습니까?"라고 물어볼 수도 있다. 그럴듯한 말이 아니라도 상관없다. 간단하고도 직설적인 질문을 통해 일상적인 이야기에서 상담을 위한 대화로 주제를 전환할 수 있다.

대화를 전환할 때, 당신은 지금 목회 상담을 위한 관계 수립에 있어 가장 중요한 '**신뢰, 자비, 사랑, 존중**'이라는 네 가지 요소를 확립하려고 하고 있음을 기억하라. 이 네 가지는 상담이라는 건물을 쌓아 올리기 위한 기초적 건축 요소이다.

신뢰. 상담을 할 때 신뢰는 어떤 면에서 보면 액체로 된 금과 같다. 신뢰가 없으면 그 어떤 진전도 없기 때문이다. 당신은 공적 사역을 하면서 교회 멤버들에게 일반적인 신뢰를 얻었기를 기대하겠지만 상담을 하다 보면 여느 인간관계와 마찬가지로 상담도 개인적인 신뢰가 쌓여야 한다는 사실을 깨닫게 될 것이다. 대부분의 사람들은 기대와 회의가 뒤섞인 상태에서 상담에 임하게 된다. 그들은 목사의 사역을 보아 왔기 때문에 마음이 열려 있기는 하지만, 그 목사가 자신을 능숙하게 받아들이고 인도하는지의 여부는 아직 확신할 수 없기에 어느 정도는 회의적이다. 신뢰를 얻는 데 있어서 중요한 점은 겸손한 태도로 잘 듣고 사려 깊게 말하는 것이다. 거만하게 굴며 아는 척하는 사람은 누구에게도 신뢰받지 못한다. 또한 확신 있는 태도를 보이는 것도 중요하다. 이 확신은 자기 자신에 대한 확신이 아닌, 어떤 문제에도 필요한 지혜를 주시는 하나님의 능력에 대한 확신이다. 문제에 대처하는 목사의 태도는 긍휼이 넘치면서도 차분해야 한다. 사람들은 목사의 그러한 확신이 자기 확신에서 기인하는 교만이 아닌, 하나님을 신뢰하는 겸손한 확신임을 알아차리게 된다.

자비. 문제를 안고 오는 사람들의 마음은 대개 연약하며 판단 받는 것에 민감하게 반응한다. 많은 경우, 그들은 자신의 어떤 행동이 잘못되었음을 인지하고 있다. 그 잘못의 정도에 대해 생각하기는 꺼려하더라도 말이다. 이 때문에 그들은 정죄하는 말에 민감하게 반응한다. 단어, 말투, 몸짓, 어떤 식으로든 당신이 그들을 정죄한다는 인상을 주게 되면 더 이상의 진전은 없다. 가끔 너무 예민해서 당신이 정죄하지 않는다고 생각하는 것 자체가 불가능한 경우도 있다. 그러나 목사가 오래참음으로 그들을 조심스럽게 대하면 대부분의 경우 방어벽을 무너뜨릴 수 있다. 자비로운 마음을 갖는 것은 단순한 의사소통 전략이 아니다. 자비가 단지 전략에 불과하다면 그 자비는 곧 바닥을 드러내게 된다. 자비는 하나님의 마음을 닮은 마음을 발산하는 것이어야 한다. 그 마음은 어리석은 자, 잃어버린 자, 적대적인 자의 구원을 간절히 바라는 마음이다.

당신은 물론 당신이 앉은 자리에서 피상담자의 어리석음을 발견하게 될 것이다. 그 어리석음이 때로는 이해할 수 없는 수준이다. 사람들이 그들의 생각과 욕구, 추론, 습성에 대해 정직하게 털어놓을 때, 당신은 그들이 죄로 인해 얼마나 심각하게 우둔해졌는지 깨닫게 된다(그리고 많은 경우 정확히 깨닫는다). 자해, 자살 충동, 파괴적인 의사소통, 알코올 중독, 마약 중독, 교만, 이기심, 증오, 질투, 중상모략 등 그 어리석음은 끝도 없다. 그들의 이야기를 들을 때, 동생 탕자의 수치를 크게 떠벌린 맏아들의 마음이 아닌 그 수치를 감당한 아버지의 마음을 달라고 기도하라(눅 15:11-32). 친애하는 목사여, 하나님이 그리스도 안에서 당신을 위해서 하신 일은 타락하고 어리석은 자를 용납하고 자기 아들의 의로운 지혜를 주신 일이다. 과장이 아니다. 이 사실을 잊지 말라. 당신을 향한 하나님의 자비를 기억하라. 그러면 당신은 당신의 앞에 앉아 있는 죄인에게 자비를 보일 준비가 되어 있을 것이다. 적잖은 이들이 첫 상담을 마치고 우리에게 이렇게 말했다. "저는 정죄받을 줄 알았습니다. 자비는 기대하지 못했습니다."

사랑. 자비와 마찬가지로 사랑도 하나님에게서 나온다.

"우리가 사랑함은 그가 먼저 우리를 사랑하셨음이라"(요일 4:19).

"사랑하는 자들아 하나님이 이같이 우리를 사랑하셨은즉 우리도 서로 사랑하는 것이 마땅하도다"(요일 4:11).

비참한 세상에 하나님이 자신의 사랑을 드러내시는 계획에는 그리스도인이 다른 그리스도인을 돌보고 용납함으로 그 사랑을 실천하는 것도 포함된다. 사도 요한은, 하나님은 우리 오감의 감각 범위를 초월하는 분이며 보이지 않는 분이라는 사실에 호소한다. 그러나 우리는 보인다. 우리가 하나님의 사랑을 실천하면, 우리는 그 사랑을 감지할 수 있게 만들 수 있다. 요한은 또 말한다.

"어느 때나 하나님을 본 사람이 없으되 만일 우리가 서로 사랑하면 하나님이 우리 안에 거하시고 그의 사랑이 우리 안에 온전히 이루어지느니라"(요일 4:12).

목사는 문제로 씨름하는 사람들에게 그리스도를 닮은 사랑을 나타냄으로써 눈으로 볼 수 없는 하나님을 그들에게 보여주는 특권을 가진다.

누군가를 사랑한다는 것은 당신이 비록 그의 특정한 문제를 고쳐줄 수는 없을지라도 그가 잘 되기를 바라는 간절한 마음을 드러내는 것이다. 이런 사랑은 실제로 해결책보다 더 중요하다. 따라서 당신이 문제를 고치는 데 주력하는 경향이 있다면 조심하라. 자신이 프로젝트가 되기를 원하는 사람은 없다. 누군가의 문제를 해결하는 것보다 그가 잘 되는 것에 더 마음을 쏟으라. 이 두 가지는 실제로 같지 않다.

존중. 당신과 상담실에 마주 앉은 사람이 완전히 구제불능인 경우가 종종 있을 것이다. 그 사람도 그 사실을 안다. 당신도 안다. 그리고 당신이 안다는 것을 그가 안다. 목사는 구제불능인 사람을 대할 때에도 그를 존중해야 한다. 솔직히 말해서 교활하거나, 자기중심적이거나, 어리석거나, 교만하거나, 아니면 그냥 유치한 사람을 대하면서 그를 존중하기란 어려운 일이다. 이런 경우에, 목사는 모든 인간은 하나님의 형상을 지니고 있으며(창 1:26-28) 장차 하나님의 아들의 형상으로 완전히 구속될 수도 있음을(롬 8:29; 벧후 3:9) 인정함으로써 일정 수준의 존중을 유지할 수 있다. 그러므로 모든 인간은 그가 지닌 하나님의 형상이 아무리 뒤틀리고 어두워졌어도, 하나님을 반영하는 존엄성을 갖춘 존재다.

당신이 상대를 존중한다는 것은 다가갈 수 있는 사람이 되는 것이다. 가까이 다가갈 수 없는 목사들이 있다. 이것은 큰 문제다. 자기 의와 판단하는 마음은 공적인 교사인 목사의 마음을 서서히 썩게 하고, 썩은 곳에서는 곧 악취가 나기 마련이다. 예수님은 겸손이 아닌 우월의식에서 나는 냄새를 악취로 여기신다. 우월의식은 예수님이 보이신 본보기(빌 2:5-8)와 정반대이다. 자기의 유익보다 다른 사람의 유익을 더 중요하게 생각하려면, 다른 사람을 진지하게 받아들이는 존중심을 보여주어야 한다.

관심사 탐구하기

많은 사람들이 실제로는 남의 말을 잘 듣지 않으면서 스스로를 잘 듣는 사람이라고 속단한다. 많은 목사들이 인내하면서 피상담자의 이야기를 경청하는 데 애를 먹는다. 목사는 모든 상담 시간을 제2의 설교 시간으로 변질시키려는 유혹을 떨쳐야 한다. 상담에 임할 때 목사는 먼저 듣고 그 다음에 말해야 한다. 우리는 솔로몬의 경고를 귀담아들어야 한다.

> "미련한 자는 명철을 기뻐하지 아니하고
>
> 자기의 의사를 드러내기만 기뻐하느니라"(잠 18:2).

첫 상담 시간의 주요 목표는 그 사람과 그의 주된 관심사를 이해하는 것이다. 사람들을 알아가는 것(그들이 삶에 대해 반응하는 방식, 그들이 가장 중요하게 여기는 가치, 다른 사람과 관계 맺는 방법 등을 알아가는 것)은, 그들에게 관심을 기울이시는 하나님이 당신을 부르셔서 당신에게 맡기신 일이다. 당신은 하나님의 마음을 품고 그 일을 수행해야 한다. 우리가 3장에서 다룬 방법이 바로 이 지점에서 유용하다.

누군가가 주도적으로 자신의 가장 절박한 문제에 대해 말하게 하려면 먼저 일반적인 질문으로 대화를 여는 것이 가장 좋다. 앞서 들었던 예시처럼 "제가 오늘 어떻게 도와드리면 좋을까요?"라고 묻는 것이다. 물론 피상담자가 상담 시간 내내 주제를 정해야 한다는 말은 아니며, 그가 가장 관심 갖는 것에 대해 이야기할 수 있도록 유도하면 된다.

상대방의 이야기를 잘 들으려면 그가 자유롭게 말하게 보장하되 주제를 너무 벗어나지 않도록 유도하여 섬세하게 균형을 잡아야 한다. 대화하는 경향은 각자가 제각각이다. 우리 중 일부는 수동적으로 듣기만 하며, 대화의 방향을 잡는 데 유용한 질문을 던지지 못한다. 이 경우, 피상담자는 끙끙거리며 정말로 갈피를 잡지 못하면서도 대화의 주도권이 여전히 그에게 있는 상황이 발생할 수 있다. 그런가 하면 어떤 사람은 주제에 철저히 입각한 엄격한 어젠다를 가지고서 이야기의 방향을 인도함으로써 대화를 최대한 효율적으로 유지하려고 한다. 이때 피상담자는 질질 끌려가는 느낌을 받게 되며, 필요한 정보를 충분히 제공하지 않으려 할 수도 있다. 대화의 방향을 효과적으로 인도하면서 듣는 것은 무척 까다로운 기술이다.

대화가 삼천포로 빠지지 않도록 적당한 울타리를 치되 상대의 목에 줄을 매지는 않는다고 생각해보라. 적절한 경계선 안에서 그 사람이 자유롭게 돌아다닐 수 있게 하고, 특정한 길로 가야 한다는 압박은 주지 않는 것이다. 참을성 있게 듣고, 섣불리 피상담자를 설득하려 들지 말라. 그렇다고 수동적으로 듣지는 말라. 상담 시간은 대부분 한 시간 안팎이다. 피상담자가 내키는 대로 그리고 원하는 속도로 이야기하게 내버려두면 몇 가지 유용한 정보를 얻을 수도 있겠지만 별 도움이 되지 않는 이야기도 많이 듣게 될 것이다. 핵심은 유용한 정보를 얻기 위한 적절한 질문을 하는 것이다. 이런 질문들은 피상담자에게 목줄을 채우지 않으면서 울타리를 보여주게 된다. 적절한 관련 질문은 그 사람의 관심사를 인정해주는 동시에 대화의 방향을 조정해 문제의 근저에 도달하는 데 도움이 되는 유용한 정보를 얻을 수 있게 한다.

적절한 관련 질문을 하려면 당신이 어떤 정보를 찾아야 하는지를 분명히 알고 있어야 한다. 표면적인 세부사항이 아닌 핵심적인 주제를 향하는 질문을 던지라. 본서의 3장에서 제시한 카테고리를 울타리로 이용하라. 기본적으로 당신은 그 사람의 마음이 하나님, 자기 자신, 타인, 상황에 대해 어떻게 반응하는지를 알아야 한다.

피상담자의 삶에 대한 표면적인 정보 수집보다 한걸음 더 나아가서 심층적인 질문을 하라. 물론 넓은 맥락에서 그의 문제를 이해하기 위해서는 충분한 세부사항 정보도 필요하겠지만, 그 이상의 단계로 넘어가지 않으면 곤란하다. 우리는 깊이 있는 질문을 하기보다 정보를 수집하는 경향이 강하다. 깊이 있는 질문이란 "마음과 관련된" 질문이다. 이런 질문은 사적인 영역을 침범하는 성격이 있어서 물어보는 것이 쉽지 않다. 하지만 그러한 질문을 해야 한다. 마음과 관련된 질문은 그 사람이 어떤 사람인지를 드러낸다(잠 4:23; 20:5; 마 12:34; 눅 6:43-45). 사람의 마음을 추적하면 그의 행동 이면에 있는 생각과 욕구, 갈망, 동기를 이해하는 데 도움이 된다. 이런 대화는 가벼운 담소가 아니다.

대화에 계속 집중할 수 있도록 필기하는 것을 추천한다. 필기를 하면 상대방이 두서없이 말하는 경우에도 정보를 정리할 수 있다. 부록 4에 상담 내용을 필기하고 정보를 정리하는 간단한 요령을 소개한다. 넘치는 정보로 머릿속이 복잡할 때 필기를 하면 내용을 정확하게 기억할 수 있다.

소망 제시하기

첫 상담 시간의 중요한 임무 중 하나는 지극히 소망 없는 상태로 찾아왔을 상대방에게 소망을 제시하는 것이다. 당신이 제시하는 소망은 그저 상황이 나아질 것이라는 막연한 위로에 그쳐서는 안 된다. 물론 상황이 나아지기 위해서도 기도하겠지만, 예수님은 그분을 의지하는 이들의 삶 속에서 시련을 통해 위대한 일을 성취하신다는 사실을 기억하라.

바로 이 시점이 성경을 찾아보게 할 매우 좋은 순간이다. 첫 상담 때 성경을 펼쳐 두도록 하라. 변화의 과정에 있어 하나님의 말씀이 정말로 중요한 역할을 한다면, 당신은 그 중요성을 보여주어야 한다. 그러나 성경을 사용한다는 사실만큼이나 성경을 사용하는 방법도 중요하다. 근본적으로 당신은 그 사람이 자신의 삶을 하나님의 관점에서 보기를 원한다. 따라서 당신은 성경에 건전하게 접근해야 한다. 정확하지 않은 해석은 큰 총을 든 맹인과 같다. 하나님의 말씀은 너무나 강력한 능력을 갖고 있다. 그 말씀을 어설픈 솜씨로 다루어서는 안 된다.

성경 해석학에 관한 철저한 강의는 이 작은 책의 범위를 넘어간다. 우리가 이 책에서 강조하고 싶은 점은 성경의 주된 관심사가 예수 그리스도의 인격과 사역에 드러나는 하나님의 영광이라는 점이다. 하나님의 말씀은 이에 비추어 모든 인간의 문제를 조명한다. 하나님의 말씀은 우리 삶과의 관련성, 권위, 충분성을 지닌다. 따라서 성경이 인간의 삶에서 가장 중요하다고 강조하는 것을 우리도 가장 중요한 것으로 강조해야 한다. 우리는 우울증에 빠진 사람을 대할 때 그의 증상이 호전되기를 바라지만, 우리의 주요 관심사는 우울증 치료가 아니다. 오히려 그에게 있어 중요한 점은 그의 우울증이 삶에 대한 그의 관점을 재구성해 영원한 소망을 마음의 중심에 두는 것이다. 만일 그렇게만 된다면 이제 그는 영원한 소망으로 인해 자신의 현실에 대해 달리 느끼게 된다.

따라서 다채로운 성경 말씀을 활용해서, 그의 인생관이 우주적 영광으로 아름답게 채색될 수 있게끔 소망을 제시하라. 이를 위해 첫 상담 마무리 시점에, 피상담자에게 들은 문제의 내용을 요약해 주고 그 문제와 관련될 만한 말씀을 덧붙인다. 궁극적으로 모든 소망은 그리스도께서 성취하신 일 안에 있으므로 삶을 변화시키는 소망을 제시하는 기본적인 구절들은 빗나가지 않는다(롬 15:13; 엡 1:18-19; 골 1:21-23; 딤전 4:10; 딛 3:5-7; 벧전 1:3-5). 하지만 피상담자의 특수한 상황에 맞게 그 소망의 특정한 국면에 초점을 맞출 수도 있다. 예를 들면 아래와 같다.

- 큰 고난을 겪을 때 : 피조물의 속량에 대한 소망(롬 8:18-25)
- 슬픈 일을 당했을 때 : 더 이상 슬픔이 없는 하나님의 임재에 대한 소망(계 21:1-5)
- 갈등을 겪을 때 : 원수 관계 속에 하나님이 화평을 주신다는 소망(엡 2:14-18)
- 하나님을 신뢰하지 못할 때 : 내 믿음에 대해 정직하게 드러낼 때 받아주신다는 소망(애 3:1-25)

위의 말씀들은 몇 가지 예시일 뿐이다. 중요한 점은 "소망"이라는 단어가 들어간 구절 외에도 예수 그리스도의 복음 안에 계시된 하나님의 성품을 보여주는 모든 구절이 소망을 심어준다는 것이다. 따라서 소망의 어감은 하나님의 성품만큼이나 풍성하다. 반역하는 백성을 구속하시려는 하나님의 의지, 어떤 심령이라도 돌이켜 생명의 길로 인도하시는 하나님의 능력, 매일의 가장 작은 부분까지 다 계획하시는 하나님의 지혜, 연약하고 상처 입은 자들을 향한 하나님의 자비, 언젠가 모든 잘못된 것들을 바로잡으실 하나님의 의, 그의 자녀들을 보호하시는 하나님의 맹렬하심 등 우리는 계속 열거할 수 있다. 그러므로 괴로워하는 이들의 필요에 맞게 하나님의 성품의 일부분을 구체적으로 보여줌으로써 그들이 소망을 갖도록 도우라.

기대치 설정하기

상담 시간을 마무리할 무렵에 피상담자가 상담에 대해 적절한 기대를 품을 수 있도록 몇 가지 장치를 하면 좋다. 첫 번째 장치로 예습 과제를 부과하라. 상담 과정의 일부는 상담 시간 밖에서 일어난다. 베드로전서 1장 13-14절 말씀을 빌리자면 이 과제는 "마음의 허리를 동이고, 그리스도의 은혜를 바라고, 사욕을 본받지 말게" 하려는 것이다. 한 영혼이 성장하려면 반드시 개인적인 노력이 있어야 한다.

이 예습은 한 영혼을 그리스도께 인도하는 데 중요한 역할을 하기 때문에 성경 말씀이 많은 부분을 차지한다. 예습의 기본 형태는 적절한 성경 본문을 선정하고 그 본문을 자신의 상황에 적용하게 유도하는 질문들을 부가한 것이다. 성경책을 무작정 뒤져 본문을 고르고 흔해 빠진 대답을 쉽게 도출하는 질문들을 과제로 부과하는 일은 절대 없어야 한다. 피상담자가 어려움 속에서도 어떻게 하면 그리스도와 바른 관계를 맺을 수 있을지 발견할 수 있게 하는 본문을 신중하게 선정해야 한다.

성경 본문을 선정할 때 아래와 같은 질문들을 던져 보면 도움이 될 것이다.

- 예수님과 그분의 복음에 대해 피상담자가 더 분명하게 보아야 할 점은 무엇인가?
- 피상담자가 자기 자신에 대해 어떤 점을 더 제대로 이해해야 하는가?

- 피상담자가 다른 사람과 관계를 맺는 데 있어 어떤 말씀이 필요하겠는가?
- 피상담자의 인생관은 고난에 대한 성경적인 관점에 의해 어떻게 교정되어야 하는가?

본문과 함께 피상담자가 통찰을 얻기에 유용한 질문들을 제시하라. 질문은 너무 복잡하면 안 되고, 본문에 담긴 원리로 인도하는 기본적인 역할을 해야 한다. 예를 들면 아래와 같다.

시편 13편을 읽으십시오. 시편 기자는 어떤 상황 가운데 어려움을 겪고 있지만, 그는 무엇보다도 하나님의 관점에서 이 문제를 바라보며 "주의 얼굴을 숨기신다"고 말합니다(1절). 이 관점을 당신의 실직 문제와 어떻게 연결시킬 수 있을까요? 시편 기자는 하나님께 무엇을 요청합니까?(3절) 당신이 현재 상황과 관련하여 이와 비슷한 요청을 하면 주님이 들어주실 것이라고 생각합니까? 시편 기자는 하나님께 요청하고 나서 무엇을 하겠다고 결심합니까?(5-6절) 실직으로 인한 두려움과 수치, 분노 중에 당신도 이 시편 기자와 똑같이 결심하는 것은 어떨까요?

적절한 질문을 던지려면 성경을 알아야 한다. 성경을 읽으면서 편안함과 불편함을 느끼는 경험이 점점 쌓이면 당신은 다른 사람에게 적절한 말씀을 더욱 예리하게 선별할 수 있다. 성경 읽기와 기도 과제 이외에 추가할 만한 과제는 다음과 같다.

- 참고 도서를 읽고 관련 질문에 답하기
- 관계 훈련하기(예: ○○에게 편지 쓰기)
- 책임감 훈련하기(하나님 또는 타인과의 관계에서 담당해야 할 의무의 개요 서술하기)
- 부부 사이에 언쟁을 일으키는 갈등의 문제와 관련된 질문에 답하기
- 일기 쓰기
- 찬양, 고백 또는 감사를 담은 기도문 쓰기

우리는 이 예습 과제를 통해 피상담자가 하나님의 말씀에 의지하게 되길 바란다. 하나님의 말씀은 다른 어떤 것으로도 대체할 수 없다. 말씀 묵상과 기도가 중심 과제여야 하며 다른 과제는 보조적인 역할에 그쳐야 한다.

두 번째 장치는 상담자와의 관계에 한계를 설정해주는 것이다. 목사는 상담 기간이 얼마나 필요할지 최선을 다해 측정해야 할 뿐 아니라 대략적인 예상치라도 피상담자에게 알려주어야 한다. 지키지 못할 약속은 하지 말라. 확신이 없다면 다음 상담 때 이 문제에 대해 이야기해보자는 정도로만 말해 두라. 또한 각 상담의 소요시간을 정해 두라. 예를 들어 매주 상담하기로 한다면 한 번에 한 시간 정도가 목사와 피상담자 모두에게 좋다. 상담 주기가 한 달에 한 번 정도이면 90분이나 그 이상으로 정할 수도 있다.

정규 상담 시간 외의 접촉에 대해 목사는 자신의 영혼뿐 아니라 가족도 보호할 수 있도록 적당한 경계를 정해야 한다. 연약한 양들은

목사가 정한 경계의 틈을 파고드는 기상천외한 능력이 있다. 우리가 "목사님, 가족들과 계시겠지만…"으로 시작하는 음성 메시지를 받을 때마다 1달러씩 받았다면 은퇴하고 나서 버뮤다로 이주할 수도 있을 것이다. 연락을 해도 좋은 시간과 아닌 시간, 메시지에 응답하는 데 걸리는 예상 시간, 긴급 상황에 대한 정의 등에 관해서 분명한 지침을 주는 것이 가장 좋다. 우리가 신참 목사 시절에 저질렀던 실수 중 하나는 불화를 겪고 있는 부부에게 "심하게 다툴 때마다 연락해도 좋습니다"라고 한 것이었다. 어떤 일이 벌어졌겠는가? 우리는 밤 시간에 아무 때나 황당하리만치 자주 전화를 받았다. 그러니 밤마다 전화기가 울리는 것을 즐기지 않는 이상, 합당한 지침을 세우라.

마무리 기도 전에 할 마지막 작업으로, 다음 상담 시간을 달력에 표시하라. 첫 상담이 끝나고 모두 분주한 일상으로 돌아가고 나면 사람들에게 이메일이나 문자 메시지, 전화로 일일이 연락하고 일정을 잡는 데 시간과 에너지가 많이 소모된다. 모든 사람이 상담실에 있을 때 일정을 맞추는 편이 가장 수월하다.

이제 피상담자를 위해 기도하라. 형식적으로 하지 말고 서두르지 말고 진심을 담아 기도하라. 당신은 그의 문제에 대해 살아 계신 하나님과 진심 어린 소통을 하는 본보기를 보여야 한다. 그가 듣기에 진부하게 들릴 만한 문구를 사용하지 않도록 최선을 다하라. 각 사람의 문제를 위해 기도하면서, 복음이 그들의 문제에 대한 충분한 답이며 우리는 도움이 필요할 때 은혜의 보좌 앞에 나아가 도움을 얻을 수 있다는 것을 기도를 통해 보여주도록 하라.

5장
변화를 위한 수고

어떤 건축가든 튼튼한 기초를 세워야 다음 단계들을 통해 건물을
성공적으로 지을 수 있다는 확신이 설 것이다. 상담도 마찬가지다.
앞서 살펴본 초기 단계의 상담은 한 사람의 인생에 건물을 세우기
위한 시작점에 불과하다. 실행 계획에 따라 해야 할 임무들이 아직
많이 남아 있다. 모든 단계마다 그 사람의 마음이 하나님, 자기 자
신, 타인, 상황에 대해 반응하는 방식에 대해 듣고, 생각하고, 말하
는 상담 방법을 사용한다(3장 참조).

이번 장에서는 상담 프로세스를 진행시키는 방법에 대해 알려주
고자 한다. 우리가 계속 초기 단계에만 머물러 있으면, 기초를 과도
하게 쌓을 뿐이고 쓸 만한 건물은 짓지 못하게 된다. 건물을 세우려
면 기초를 쌓는 것과는 다른 임무와 기술이 필요하다.

다음 단계로는 초기 단계의 상담 이후에 이어지는 중반기 상담에

대해 다룬다. 당신은 초기에 다루었던 내용을 계속 진행할 수 있으며, 그것은 정상적인 작업이다. 상담이 진행될 때마다 다른 임무들을 바쁘게 수행하면서 단계를 넘어가려 하지 말고 차근차근 진행하기 바란다. 이번 장에서는 다음 단계에서 각 상담 세션에 포함되어야 하는 네 가지 핵심 요소인 근황 파악하기, 예습 과제에 대해 묻기, 관심사 탐구 계속하기, 구속적 치료 제공하기를 다룰 것이다.

근황 파악하기

먼저 근황을 파악하라. 피상담자가 상담실에 들어오면 당신은 그 사람이 무엇을 가장 절실하게 생각하고 있는지 파악하고 싶을 것이다. 사람들은 조금 전에 나눈 대화에 대해 짜증을 내기도 하고, 지난주에 겪은 실패를 인정해야 한다는 것에 겁먹기도 하고, 얼마 전에 직장에서 생긴 일에 대해 걱정하기도 한다. 근황을 물어보면 그들은 자기에게 가장 절박한 주제가 무엇인지 표현할 수 있게 된다. 이를 통해 그 사람의 마음이 현재 상황에 어떻게 반응하고 있는지 알 수 있다. 또한 언뜻 보기에는 그다지 영적으로 의미 있는 문제 같아 보이지 않았던 상황을 성경과 연관시켜 보여줄 절호의 기회이기도 하다. 성경은 삶의 모든 영역을 관할하며, 당신은 그 사람이 지금 경험하는 일에 관심을 가짐으로써 그 진리를 보여줄 수 있다.

단순하면서도 정답이 없는 질문을 하라. 다만 질문이 어느 정도는 방향성을 지녀야 한다. 아래 예시는 같은 목적을 지니지만 형태가 조금씩 변형된 질문들이다.

- 지난주에 우리가 나눈 이야기와 관련해서, 한 주 동안 일어난 일들에 대해 말해보시겠어요?
- 그동안 어떻게 지내셨어요? 의기소침하게 지내셨나요 아니면 씩씩하게 지내셨나요?
- 한 주 동안 새롭게 든 생각이나 깨달은 것이 있었나요?
- 지난번에 이야기한 상황에 어떤 변화가 있었습니까?
- 그동안 있었던 일 중에 저와 함께 이야기하고 싶은 일이 있습니까?

때로는 이런 일반적인 질문들에 대한 대답을 통해 특정한 사안을 다루어야 할 필요성이 강하게 대두된다. 그래서 상담의 방향을 재조정하기도 한다. 그렇지 않을 경우 질문들의 대답을 통해 당신은 피상담자에 대해 더 알게 된다. 어느 쪽이든 근황에 대한 질문은 단순히 상담의 본론으로 이어지는 형식적 기능만을 담당하지는 않는다. 이 질문들을 통해 당신은 피상담자가 최근에 겪은 일들을 알고 그의 마음과 삶이 현재 어떤 상태인지를 이해하면서 상담에 임할 수 있게 된다.

예습 과제에 대해 묻기

근황에 대해 이야기한 직후에는 지난 시간에 주었던 예습 과제에 대해 물어보아야 한다. 과제를 확인한다고 해서 꼬장꼬장한 선생님이 되는 것은 아니다. 오히려 그 과제를 통해 그가 어떻게 자기 마음을 더 이해하고 그리스도를 바라보게 되었는지 알아보려는 것이다.

가장 일반적인 과제는 관련 성경 본문 연구와 기도 및 묵상이다. 충분한 시간을 갖고 과제로 내준 성경 본문과 피상담자가 말씀에서 얻은 통찰에 대해 알아보라. 이것을 하는 가장 좋은 방법은 다음의 세 가지 사항을 확인할 수 있는 질문들을 던지는 것이다.

- 그가 성경 본문의 실제 의미를 이해했는가?
- 그는 본문의 의미가 그의 삶에 던지는 의의를 이해했는가?
- 그는 그 의의가 그리스도와 어떻게 연관되는지 아는가?

기본적으로 예습 과제 검사는 피상담자를 가르쳐 성경을 제대로 읽고 성경의 실질적인 지혜에 자신을 맡기게 하는 좋은 방편이다.

일기 쓰기나 연습 문제, 실천 과제 같은 별도의 과제가 있었다면 마찬가지로 점검하고, 그가 그 과제를 통해 무엇을 얻었는지 알아보라. 예습 과제에 대해 물어보지 않으면 당신이 과제를 별로 중요하게 생각하지 않는다는 인상을 주게 된다. 그러면 피상담자는 과제를 할 동기를 잃어버리게 된다.

과제를 하지 않은 피상담자를 몰아세우지 말라. 어떤 이들은 삶이 너무 고달파서 다른 일들을 할 여력이 없고, 벅찬 상황 속에 있는 자신에게 당신이 준 예습 과제가 비현실적으로 느껴졌을 것이다. 책 한 권을 다 읽어오는 중증 우울증 환자나 긴 시간을 기도하고 말씀을 묵상하는 아기 엄마는 별로 없다. 그가 처한 어려움을 이해하고 적절한 정도의 예습 과제를 부과하라. 물론 피상담자가 상담 시간에 불평을 늘어놓는 데에만 관심을 갖고, 문제 해결을 위한 실질적인 조치를 취할 의지가 없을 때도 있다. 피상담자가 지속적으로 의욕을 보이지 않을 경우, 실질적인 진전이 없는 상담 시간에 그와 당신의 시간을 낭비하지 말자고 이야기하라.

관심사 탐구 계속하기

예습 과제를 잘 수행한 경우 과제 이야기를 하면서 자연스럽게 피상담자가 밝힌 관심사 영역을 한층 깊게 파고들게 된다. 상담 기간 동안 당신은 피상담자가 최근에 일어난 일들에 반응하는 양상을 관찰하면서 그의 문제를 점점 더 깊이 이해하게 된다. 삶은 계속 진행된다. 그의 삶을 관찰하라. 불행한 결혼은 관계 단절로 이어진다. 섭식 장애에 시달리는 여성은 살이 점점 더 빠진다. 우울증에 빠진 이는 직장을 잃는다. 자해하는 사람은 자해를 한다. 요점은 문제가 절대로 그 자리에 가만히 있지 않는다는 것이다. 피상담자에게 일어나는 상황에 대해 그의 마음이 어떻게 반응하는지 이해하기 위해 노력하라.

사람들의 상황은 시간에 따라 변한다. 따라서 목사는 그 변화를 계속 추적해야 한다. 한 사람의 객관적인 상황과 이에 대한 그의 반응을 구별하는 것은 항상 쉽지만은 않다. 그 사람의 말을 주의 깊게 들어야 한다. 강한 감정으로 충만한 상태일 수도 있고, 중요한 오해를 드러낼 수도 있고, 건강하지 않은 애착을 엿보일 수도 있다. 단어란 기압계와 같아서, 그 사람이 무엇을 믿는지, 무엇을 갈망하는지, 무엇에 헌신하는지 드러낸다. "남편이 너무 싫어요." "하나님은 나를 돌보시지 않는 것 같아요." "저는 포기했어요." "아무도 제 상황을 이해하지 못해요." 이런 표현들은 피상담자의 생각과 감정을 모두 드러낸다. 겁먹지 마라. 피상담자가 격한 감정을 드러내는 주제에서 벗어나면, 그의 마음을 가늠할 기회를 놓치게 된다. 감정적인 동요가 일어날 때 쩔쩔매며 그 시간을 황급히 넘기려 하지 말라. 그런 순간이 피상담자의 가장 깊은 갈망과 믿음을 가장 확실하게 찾아낼 기회일 수도 있다. 그 순간에 당신은 "이 사람이 무엇을 예배하는가"라는 중요한 질문의 답에 더 가까워질 수 있다. 그의 가치관과 믿음은 예수 그리스도를 예배하는 데 맞춰져 있는가, 아니면 자기 자신을 예배하는 데 맞춰져 있는가?

우리가 상담 방법에 대해 설명하면서 언급한 마음의 반응 카테고리(하나님, 자기 자신, 타인, 상황)를 이용하면 피상담자가 예배하는 대상이 무엇인지 측량할 수 있다. 하나님의 형상을 지닌 자들은 예배하는 존재로 만들어졌다. 예배하고자 하는 자연적 욕구는 하나님을 향할 수도 있고, 수천 가지의 다른 신들(사회적 인정, 직업적 성취의 만족감, 특정한 인간관계의 안정, 편안한 생활에서 오는 안락함 등)을 향할 수도 있다. 사람들이 주로 말하려고 하는 내용, 매력을 느끼는 인물, 시간을 할애하는 일,

즉 그들의 마음이 반응하는 대상이 예배의 대상이다. 목사는 문제를 교정하는 데 상담의 주안점을 두는 것이 아니라, 예수 그리스도의 복음을 사용하여 피조물에 대한 예배에서 창조주를 향한 예배로 전환시키는 데 주안점을 두어야 한다.

피상담자의 상황과 마음의 반응에 대해 탐구할 때 두 가지를 주의해야 한다. 첫째, 그 사람의 예배 대상이 무엇인지 속단하거나 단순화하지 말라. 당신은 우상 사냥꾼이 아니며, 이런 문제를 쉽게 식별할 수 있다는 듯이 서둘러서는 안 된다. 서른네 살 먹은 비디오 게임 중독자는 자신의 게임기를 예배하는 것이 아니다. 성욕이 왕성한 십 대 소녀가 남자친구를 예배하는 것이 아니다. 이스라엘 백성들이 열렬히 섬기던 가나안의 다산의 신들처럼, 이런 것들은 보통 다른 대상을 얻기 위한 수단이다. 이스라엘 백성들은 나무로 깎아 만든 조각에 매혹된 것이 아니라 그 우상이 줄 것 같았던 다산, 부, 번영, 안전, 소유, 자손 번영 등에 푹 빠져 있었다. 즉, 그들의 삶에서 누릴 수 있는 것들을 욕망했다. 그들이 바라던 이 모든 유익은 그들의 창조주 하나님과 동떨어져 있었다. 결국 이스라엘의 진짜 문제는 그들이 하나님을 거부하고 하나님 없는 삶을 추구했다는 것이다.

비디오 게임 중독자는 여러 가지 가능성(대단한 업적을 이뤘다는 성취감, 현실에 존재하는 어려움으로부터의 도피, 충동을 만족시키는 단순한 즐거움 등)을 얻기 위해 게임기를 사용하고 있다. 그중 무엇을 얻고자 하든 이 중독자는 하나님의 통치를 떠난 삶을 추구하고 있다. 성욕이 왕성한 십 대

소녀는 여러 가지 가능성(친밀한 관계에 대한 소속감, 또래 집단의 인정, 사랑이 없는 가족으로부터의 도피, 단순한 성적 즐거움 등)을 얻고자 남자친구를 이용하고 있는 것이다. 즉, 문제를 다룰 때 표면적인 대상보다 더 깊게 들어가서 예배의 문제를 다루어야 한다.

둘째, 피상담자가 자신의 동기에 대해 완전히 이해하고 있다고 단정하지 말라. 사람들은 온전히 의식하지 못한 상태에서 동기나 욕구, 심지어 믿음도 가질 수 있다. 사람들의 모든 반응이 즉각적이고 의식적인 결정에서 비롯된 결과는 아니다. 우리는 심리학 분야에 널리 퍼져 있는 잠재의식 이론에 반드시 동조하는 것이 아니다. 우리는 다만 사람마다 자신의 욕구나 믿음, 의도에 대해 인식하는 정도가 다르다는 사실을 지적하고자 한다. 사람들은 종종 상담을 통해 자기 마음에 대한 통찰력을 키우고, 자신이 특정한 방식으로 생각하고 느끼고 행동하는 이유를 좀 더 제대로 깨닫게 되기도 한다.

우리가 이 두 번째 경고를 언급한 이유가 무엇일까? 사람들에게 무작정 훈계하는 사태를 방지하기 위해서이다. 처음부터 직설적인 권고부터 늘어놓으면 안 되는 때가 있다. 간밤에 아내와 싸우고 화가 난 남편은 그럼에도 자기가 별문제 없이 살아간다고 생각할 수도 있다. 예를 들어 재정 문제로 다투었다고 하자. 단순하게 그의 우상이 돈이라고 치부하고 그의 분노를 질책하는 것은 효과가 없다. 당신은 그가 아내에 대해 어떻게 생각하는지(물질만능주의, 무례함), 그가 원하는 것은 무엇인지(자신이 원하는 대로 할 자유), 분노를 표출하는 다른 방법들로는 무엇이 있는지(냉소적인 말투, 아내에 대한 따뜻함 부족) 더 명확하게 알아차릴 수 있도록 도와야 한다.

이 남성에게 필요한 조치는 참을성 있는 지도와 탐구로 그의 마음을 비추어주는 것이다. 이러한 작업에는 시간이 걸린다. 단순히 그의 우상이 무엇이라고 단정하면서 우상 대신 하나님을 예배하라고 훈계하는 것은 바람직하지 않다. 인간이 자신의 감정과 행동을 유발하는 동기에 대해 제대로 인식한다고 단정하지 말라. 훈계는 필요하지만, 훈계는 피상담자가 자신의 행동과 그 행동의 이유를 모두 깨닫고 있을 때 가장 효과적이다.

예배하는 마음을 다루는 방법에 관한 이 중요한 경고들을 기억하면 당신은 각 사람에게 적합한 방식으로 대할 수 있을 것이다. 사도 바울은 데살로니가전서 5장 14절에서 이렇게 말한다.

> "또 형제들아 너희를 권면하노니 게으른 자들을 권계하며 마음이 약한 자들을 격려하고 힘이 없는 자들을 붙들어 주며 모든 사람에게 오래 참으라."

바울은 각각의 사람들이 처한 문제에 따라 그에 맞는 방식으로 접근하라고 권한다. 게으른 자들은 경고가 필요하다. 소심한 이들은 격려가 필요하다. 연약한 자들은 도움이 필요하다. 믿음이 없는 이들은 소망이 필요하다. 어리석은 자들에게는 꾸짖음이 필요하다. 학대받는 이들에게는 보호가 필요하다. 슬퍼하는 이들에게는 위로가 필요하다. 이런 식으로 목록은 계속 이어진다.

모든 상담에서 한 가지 공통적인 충고는 "모든 사람에게 오래 참으라"는 것이다. 영적 성장에는 시간이 걸리고 상담자나 피상담자 모두 오래참음이 필요하다. 더 큰 그림과 장기적인 관점에서 보라. 상담은 몇 차례에 그칠 수도 있지만 영적 성장은 평생에 걸쳐 이루어져야 한다(빌 1:6; 2:12-13). 우리에게 가장 중요한 목표는 단지 물이 새는 댐의 구멍을 막는 것이 아니라, 그의 삶 속에 영적인 제반 시설을 건설하는 것이다. 사람이 자기의 마음을 점점 더 분명하게 깨닫게 되면, 그에 따라 그리스도를 믿는 믿음도 점점 더 자라고 매일의 삶 속에서 그리스도를 더 닮은 사람으로 변모해 갈 수 있을 것이다.

구속적 치료 제공하기

끝으로 구속적 치료redemptive remedies를 제공하라. 모든 상담은 어느 시점이 되면 관심사에 대한 탐구에서 피상담자의 문제를 위한 구체적 지침을 제공하는 단계로 넘어가야 한다. 근황을 확인하고, 예습 과제를 검사하고, 관심사에 대해 더 깊이 탐구했으면, 이제는 그 문제에 대처하는 가장 좋은 방법에 대해 이야기 할 차례다.

이전 단계에서 당신이 한 작업의 대부분은 마음이 실제로 예배하는 것을 수면 밖으로 드러내 보이는 것이었다. 다음 단계에서 우리는 피상담자에게 그가 처한 구체적인 상황 속에서 하나님을 예배하라고 권한다. 그는 삶의 어려움에 어떻게 반응하고 있는가? 그에게 하나님을 믿는 믿음이 있는가 아니면 그는 다른 것에 소망을 두고 있는가? 목사가 사용하는 어떤 전략도 그 사람을 강제로 예배하게 만들 수는 없다. 오직 하나님만이 그의 심령을 바꾸셔서 예배하게 하실 수 있다. 이러한 과정 자체가 큰 신비에 싸여 있지만, 우리는 성경에서 몇 가지 분명한 사실을 알 수 있다.

- 예배함으로 하나님과 올바른 관계를 맺는 것은 오직 믿음으로만 가능하다(롬 1:16-32).
- 믿음은 그리스도의 말씀을 들음으로 말미암는다(롬 10:17).
- 그리스도의 말씀은 인간을 통해 선포된다(롬 10:14-16).

믿음은 하나님의 선물이다. 하지만 하나님은 하나님의 사람들을 사용하셔서 믿음을 일으키는 수단인 말씀이 선포되게 하신다. 상담은 그리스도를 믿는 믿음을 세우는 수단인 하나님의 말씀을 각 사람에게 맞춤형으로 선포하는 작업이고, 이를 통해 사람이 올바른 방법으로 하나님을 예배할 수 있도록 돕는 작업이다. 당신의 목표는, 피상담자에게 그가 처한 상황과 관계없이 그리스도를 높이는 진심어린 예배를 낳는 믿음을 증진시키는 것이다.

그렇다고 문제가 감지되었을 때 피상담자와 대화를 나누는 대신 곧장 설교를 하라는 뜻이 아니다. 상담은 설교와 다르고, 설교보다는 대화에 더 가깝다. 우리도 상담을 하면서 설교하려는 유혹을 받은 적이 있다. 피상담자에게 그의 삶에는 어떤 문제가 있고, 하나님의 말씀은 이러이러하다고 일러주고, 그를 문밖으로 안내하고 싶은 것이다. 그렇게 하지 말라. 그들에게 설교하지 말고, 대화를 하라.

그러나 상담은 교육을 목적으로 하는 대화이다. 당신은 결국 목사이다. 함께 성경을 공부하고, 그들의 상황에 말씀을 적용할 방법에 대해 생각하고, 구체적인 실천 계획을 세우라. 성경 본문으로부터 가르치라. 특히 말씀을 오해하거나 잘못된 해석을 하는 사람은 반드시 성경 본문으로부터 가르치는 것이 좋다. 전문 상담사를 찾아갔던 사람들이 문제에 대처하는 지침을 충분히 받지 못했다고 불평하는 경우가 상당히 흔하다. 목사는 똑같은 실수를 저질러서는 안 된다. 목사는 고통받고 죄짓는 자들에게 하나님의 지혜를 흘려보내는 통로가 되어야 한다.

목사는 피상담자에게 해결책을 제시할 때 사람과 상황에 따라 여러 가지 구속적 전략을 사용할 수 있다. 피상담자의 상황에서 어떻게 하는 것이 믿음으로 반응하는 것인지 알려줄 수 있는 몇 가지 전략들을 아래에 소개한다. 이제부터 소개할 전략들은 서로 구별된 단계는 아니다. 다만 피상담자를 해결책으로 인도할 때 당신이 취할 수 있는 몇몇 관점들을 예로 든 것이다.

하나님에 대한 이해 바로잡기

우리 시대의 성경 문맹은 참으로 심각하다. 그래서 많은 그리스도인들이 하나님의 성품을 피상적으로 이해하고 있다. 그러나 말씀에 계시된 대로 하나님을 바로 아는 것은 삶에 가장 큰 확신의 토대가 된다(렘 9:23-24). 하나님의 성품을 아는 지식은 어떤 문제에 대해서든 확실하게 도움이 될 것이다.

하나님에 대한 잘못된 이해는 우리가 삶에 반응하는 방식에 영향을 끼친다. 하나님을 비판자요 감시자로 생각하는 사람은 두려움에 위축된 반응을 보일 것이다. 그때 기독교는 윤리적 행위 종교가 되고 삶에서는 은혜가 말라 버린다. 반면에 하나님을 램프의 요정이나 산타클로스처럼 생각하는 사람은 고난이 찾아올 때 절망하고 실망할 것이며, 목사가 하나님은 하나님 자신의 궁극적인 영광을 위해 일하신다는 관점을 설명하기 시작하면 벌컥 화를 낼 것이다.

하나님에 대한 잘못된 인식은 언제나 그의 가장 내밀한 욕구와 삶에 대한 핵심적인 기대에 결부되어 있다. 하나님에 대한 참된 지식은 그의 욕구와 기대에 질서를 부여한다.

심리학적 분석 해체하기

목회를 하다 보면 종종 사람들이 주변 문화의 가치 기준을 너무 깊게 받아들인 상태여서, 그때 비성경적인 우선순위와 가치관을 포기하도록 그들을 설득하는 데 많은 에너지를 들여야 한다. 이들 중 많은 수는 스스로 그리스도인이라고 자인하지만 세상적인 가치관에 입각한 틀을 가지고 인생을 조망한다. 이러한 것은 스스로 온갖 양극성 장애나 우울증, 트라우마 등의 병명으로 자신을 규정해 버리는 경우처럼 겉으로 확연히 드러날 수도 있고, 대중심리학에서 사용하는 용어를 사용해서 이야기하는 유형처럼 은연중에 나타날 수도 있다.

피상담자를 도와 그가 (양극성 장애나 정신 분열이 아니라) 하나님의 자녀라는 자기 인식을 갖게 하거나 고난은 (회피할 대상이 아니라) 그리스도인에게 자연스러운 일이라고 인정하도록 할 때, 당신은 인내하면서 그들이 은연중에 지닌 전제들을 재가공해야 할 것이다. 그리스도인에게 가장 참된 사실 한 가지는 병리학적으로 어떤 진단을 받든지 그는 그리스도의 귀한 소유라는 진리다. 사람들이 이 우선적인 진리를 받아들이기 전까지는 고난에 믿음으로 반응하기가 매우 힘들 것이다(빌 4:3-16).

행위의 덫 해체하기

행위의 덫(하나님의 은총을 얻으려면 무엇을 "해야" 한다는 믿음)에 걸린 사람은 하나님의 값없는 은혜(엡 2:4-10)를 아는 일에 성장하고, 하나님의 사랑 안에서 안식하는 법을 배워야 한다(롬 8:31-39). 평생 율법적 행위의 관점을 갖고 살아온 사람이 하루아침에 바뀔 수는 없다. 특정한 사고방식과 생활 방식에 깊이 빠져 버린 교회 멤버의 잘못된 믿음을 바로잡는 일은 이단 교회에서 막 나온 사람을 재교육하는 수준으로 어려울 수도 있다. 그런가 하면 어떤 멤버는 하나님에 대한 율법주의적 관점 뒤에 숨어서, 자신이 이르지 못하고 있는 정작 더 깊은 영역을 미처 못 보고 있을 수 있다. 어떤 식으로든 비성경적인 사고방식에 깊이 빠진 그리스도인이 있다면, 그는 인간이 우리가 인정할 수 있는 최악의 수준보다도 훨씬 수치스러운 존재이며 그럼에도 우리는 감히 바라는 수준보다도 훨씬 더 거룩해질 수 있다는 이중의 진리를 마주해야 한다.

기능적 전제와 신앙고백적 전제 대조하기

종종 우리의 믿음과 우리의 실제 행동 방식은 크게 상충한다. 어린 시절에 아버지에게 구타당한 성인 여성은 구원받은 남성들의 행위에 대해 성경에서 읽어 알고 있으면서도, 권위를 가진 남성은 물론이고 남성 자체를 신뢰하는 데 어려움을 겪을 것이다. 또는 어린 시절에 코카인 중독자 부모로부터 사실상 방치되었던 성인이 그리스도인의 교제의 능력에 대해 성경에서 읽고도 '아무도 나를 지켜주지 않을 테니까 내 힘으로 나를 지켜야해.'라고 굳게 확신한 채 살아갈 수 있다. 두 경우 모두 그들의 인생을 인도하는 원리인 기능적 전제functional assumption와 씨름한다. 이 두 사례에서는 기능적 전제가 매우 분명하다. 그러나 대부분의 경우, 우리의 삶을 잘못된 방향으로 인도하는 기능적 전제는 너무 미묘해서 식별하기가 힘들다.

한편 신앙고백적 전제confessional assumption는 우리가 성경 말씀에 따라 진리로 알고 믿는 내용이다. 우리는 참된 신앙고백적 전제를 가르침으로써 악한 기능적 전제를 조금씩 허물어낼 수 있다(시 73:1-28). 목사는 피상담자의 기능적 전제를 정의하는 죄책과 수치, 거짓들을 뿌리뽑아야 한다. 그리고 그에게 하나님의 관점에서 인생이 얼마나 놀라운 가치를 갖는지를 변론하고, 가르치고, 설득해야 한다. 학대받았던 여성이 아버지의 학대와 하나님의 사랑을 수용할 때, 그녀는 사랑이 많고 자기희생적인 남성 권위자가 이 땅에 실제로 존재하는지 다시 생각해보게 된다. 마약 중독자의 아들이 그리스도 안에서 인간관계의 한계와 그 관계의 구속redemption에 대해 배울 때, 그는 다른 사람들을 적절하게 신뢰하는 법을 배우게 될 것이다.

인생의 틀 재구성하기

아름다운 그림이 흉측한 액자에 끼워지면 그림의 진가를 제대로 발휘할 수 없다. 그래서 그림 조달업자들은 작품을 끼울 액자를 까다롭게 고른다. 마찬가지로 어떤 사람은 고통이나 두려움으로 싸인 틀을 갖고 있어서, 자기 인생을 도저히 참을 수 없는 상황에 빠진 그림으로 묘사할 수도 있다. 목사인 당신은 인생이라는 기본 데이터를 해석하는 틀을 확실하게 성경적인 틀로 재구성하도록 도와줄 수 있다. 고통받는 이에게 하나님이 그의 상황을 어떤 틀로 바라보실지 생각하게 하고, 자신의 인생을 좀 더 분명하게 바라볼 수 있도록 도우라.

자신의 결혼 생활에는 더 이상 소망이 없다고 생각하고 우울감에 빠진 남자가 목사의 관점을 듣고 깜짝 놀랄 수 있다. 그의 목사는 비슷한 문제를 겪는 부부들을 여럿 보아 왔고, 회복이 가능하다는 사실도 안다. 목사의 해석을 통해 기존의 사실들이 새로운 틀에 끼워지고, 그것은 새로운 소망을 가져다준다.

피상담자를 위해서라도 그의 시작점이나 결론을 그대로 받아들이지 말라. 그가 다른 틀, 다른 각도, 다른 조명을 사용하도록 권면하여 그의 인생에 존재하는 구원의 소망에 주목하게 하라. 종종 틀을 재구성하는 말이 놀랍도록 시야를 선명하게 밝힌다. 상황 속에

용기를 불어넣는 것, 이것이 바로 격려의 진수다. 바울은 데살로니가 교회를 향해 그들이 장차 맞이할 영광스러운 미래라는 틀로 인생을 바라보게 함으로써 그들을 격려했다(살전 4:13-18).

숨은 역학 관계 밝혀내기

어떤 상황이든 그 상황을 규정하는 숨은 역학 관계가 있다. 아내는 돈을 어떤 식으로 소비해야 한다든지, 남편이 자신을 어떻게 대우해야 한다든지 하는 기대를 가질 수 있다. 피상담자는 자기 아버지가 어머니를 버리고 떠났듯이 남편이 자신을 버릴까봐 두려워할 수도 있다. 또는 남편으로부터 큰 집, 멋진 차, 아름다운 옷을 마땅히 제공받을 권리가 있다고 생각할 수도 있다. 또는 행실이 완벽한 자녀들, 남편과의 비현실적인 성생활 같은 우상이 마음을 주장하고 있어 괴로움을 겪고 있을지도 모른다. 기대, 두려움, 분노, 권리, 무관심, 우상 등 숨은 역학 관계가 모든 상황을 규정하고 지배할 수 있다. 목사는 피상담자의 숨은 역학 관계를 끄집어내서 확실하게 드러내기 전에는 그의 삶과 상황에서 많은 부분을 다루기가 어려워진다. 세상에 대한 사랑은 여러 가지 형태를 띠고 있어서 어떤 경우에는 노골적으로 드러나지만, 어떤 경우에는 미묘하게 드러난다. 그러나 자신이 알아차리지 못한 숨은 역학 관계를 깨닫게 되면, 도움을 받고 참으로 경배 받으셔야 할 그리스도를 향할 수 있게 된다(요일 1:8-10; 2:15-17; 3:1-3).

결과 보여주기

삶에서의 모든 결정은 크든 작든 결과를 불러온다. 이는 뿌린 대로 거둔다는 성경적인 원리다. 당신이 어떤 씨앗을 심느냐에 따라 수확하는 곡식의 종류가 결정된다(갈 6:7-10). 이 원리에 따라, 목회 상담에서 어떤 결정을 내려야 할 시점이 되면, 그에게 가능한 여러 가지 대안들에 대해 탐구하고 특정한 선택이나 습관이 불러올 필연적인 결과를 미리 추적해보게 하라. 피상담자는 목사의 경험과 다른 사람들의 조언을 근거로 그의 결정이 어떤 결과를 불러올지 예상할 수 있을 것이다. 사실 목사는 상황에 따라 예언적으로 말해야 할 때가 있다. 하나님께 직접 말씀을 받고 말한다는 의미가 아니라, 어떤 결과에 대해 분명하게 있는 그대로 경고한다는 뜻이다. 이런 경고를 할 때에는 경고뿐 아니라 하나님께 순종하는 자가 받을 복에 대한 소망 가득한 메시지도 함께 전해야 한다. 기본적으로 당신은 사람들에게 그들의 행동, 태도, 욕구가 그들을 좋은 길이나 나쁜 길 중 어디로 인도할지 가늠하는 안목을 기르라고 도전하는 것이다.

맞서기와 방향 조정하기

목사들은 종종 자기 주장이 단호한 사람들 또는 어리석은 사람들과 어려운 대화를 하게 된다. "맞서기"는 목회 생활에서 일상적인 부분이며 말씀을 전파하는 엄중한 책임의 일환이기도 하다(딤후 4:1-5). 자기 양을 사랑하는 목자는 길을 벗어나는 양들에게 경고하고 훈계한다. 맞서야 할 때 맞서지 않는 목사는 영혼을 사랑하고 있지 않고 두려움에 빠져 있는 것이다. 그러나 방황하는 양이 자신이 방황한다는 사실조차 모를지라도, 그런 양을 찾아나서는 자에게 하나님은 함께 하신다(약 5:19-20).

어떤 구체적인 상황 속에서 어떤 식으로 맞서야 할지 파악하는 것이 항상 쉽지는 않다. 그러나 당신은 언제나 성경 말씀에 근거해 무엇 때문에 맞서는지, 왜 그것이 하나님을 기쁘시게 하지 않는 일인지, 그것이 그 사람의 삶에 어떤 영향을 줄지에 대해 말해주어야 한다. "맞서기"는 항상 구속적인 의도와 개인적인 헌신이 동반되어야 한다. 종종 경고를 건성으로 듣고, 명백한 죄를 향해 절벽으로 발을 내딛는 사람이 있다. 이 책에서는 맞서기를 잘하는 방법에 대해서까지 논의할 필요는 없다. 당신은 경고 신호를 보내야 하지만 오직 하나님의 능력만이 사람들로 하여금 그 경고를 듣게 할 수 있다.

단기 목표와 장기 목표 제안하기

어떤 사람이 난관의 안개 속에서 길을 잃어서 더 이상 앞으로 나아갈 수 없다면, 단기 목표와 장기 목표를 제안하는 것이 가장 좋은 방안일 수 있다. 변화의 과정은 신비롭고 때로는 점진적이지만, 그렇다고 해서 상담 과정이 막연하게 진행된다는 뜻은 아니다. 우리는 우리의 믿음을 구체적인 삶으로 살아내도록 부름받았다(벧전 1:13-19). 단순하면서도 실제적인 방향성을 가진 목표들을 설정해주면, 안개에 갇힌 사람이 그곳을 빠져나가는 데 큰 도움이 될 수 있다.

곤경에 처한 사람은 스스로 목표를 설정하기 힘들어하는 경우가 많으므로, 목표 설정을 위해 목사가 어느 정도의 사전 작업을 해야 한다. 한 가지만 잘 기억하라. 목표는 피상담자가 직접 책임을 지는 내용으로만 정해야 한다. 다른 변수에 좌우되는 목표를 설정해서는 안 된다. 형편없는 남편에게 다음 주에 더 나은 결혼 생활을 하라는 목표를 설정하는 대신(이런 목표는 아내의 손에도 달려 있으므로), 자신의 죄를 아내에게 고백하고 용서를 구하라는 목표를 정해주는 것이 바람직하다. 또는 피상담자가 우울증에 걸린 사람이라면 다음 두 주 내에 좀 더 희망찬 생각을 하라는 목표를 정해주는 대신, 성경 읽기, 다른 사람들 섬기기, 운동하기 등 직접적으로 통제가 가능한 목표들을 정해주는 것이 바람직하다.

마무리하기

상담이 끝날 때가 되면 초기 단계의 상담과 마찬가지로 피상담자에게 소망을 제시하고, 예습 과제를 부과하고, 다음 상담을 위한 기대치를 설정하고, 그를 위해 기도하면서 마친다. 때로는 피상담자에게 그날의 상담에서 깨달은 점을 요약해서 말해보게 하면 도움이 된다. 마무리 기도를 하기 전에 "이번 시간에 어떤 것들을 깨닫게 되었는지 한두 가지 정도 말해보시겠어요?"라고 물어보라. 그가 깨달은 내용이, 당신이 상담한 부분이 아니더라도 낙담하지 말라. 요약하는 시간은 피상담자가 처한 상황에서 그가 그리스도의 영광과 하나님의 관점을 다시 떠올리게 하는 또 하나의 기회다. 따라서 그가 상담 시간에 나눈 이야기들 가운데 중요한 점을 빠뜨렸다면 잠깐 시간을 내서 인내심 있게 그 부분을 가르쳐주고 격려하라.

몇 가지 실제적인 고찰에 대해 언급하고 이번 장을 끝내도록 하겠다. 첫째, 상담 간격을 잘 조절해야 한다. 긴급한 문제에 대해서는 매주 약속을 잡고 상담 과정에 깊은 주의를 기울여야 할 것이다. 자살 충동에 시달리는 사람이 있다면 만사를 제쳐두고 그 사람의 문제를 처리하라. 그리 긴급하지 않은 문제의 경우에는 상담 간격을 더 띄울 수 있다. 오랫동안 만성 질환을 앓아 온 교회 멤버라면, 한 달에 한 번씩은 만나서 격려하고 경건한 관점을 견지하도록 도와주어야 할 것이다. 경험이 쌓이고 당신이 섬기는 회중을 더 잘 이해하게 되면서 상담 간격을 조절하는 요령도 숙달될 것이다.

가능하다면 상담과 상담 사이에 피상담자가 말씀을 공부하고, 기도하고, 친구와 이야기하고, 상황을 처리하도록 충분한 시간을 주라. 그들이 상담에 진지하게 임하고 있으며 상담을 통해 배운 것을 기꺼이 실행할 의지가 있다는 것을 직접 증명해 보이게 하라. 상담 약속을 너무 자주 잡으면 변화된 행동을 할 시간이 충분히 주어지지 않을 수 있다.

목사에게 상담 업무가 과도한 부담이 되는 두 가지 경우가 있다. 하나는 상담에 너무 많은 시간을 들이는 경우이고 다른 하나는 너무 많은 에너지를 쏟는 경우이다. 시간과 관련해서, 목사는 상담이 설교 준비를 방해하지 않도록 주의해야 한다. 때로는 죄책감 때문에, 때로는 두려움 때문에 그런 상황을 만들 수 있다. 사람들은 당신을 필요로 하고, 당신은 그들을 실망시키고 싶지 않다. 1장에서 이야기한 대로 당신은 당신의 양들을 돌보아야 하지만, 말씀을 전하는 개인적 사역에 대한 요구가 말씀을 전하는 공적 사역을 밀어내게 해서는 안 된다. 이를 위해 지혜를 발휘하지 않으면 언젠가는 설교 준비에 필요한 시간 중 다섯 시간을 뺏기고서 강단에 서야 하는 위태로운 주일을 맞이하게 될 수 있다. 당신이 설교를 충분히 준비하지 못하고 강단에 서는 상황이 계속되면 장기적으로는 교회 멤버 전체에게 해를 끼치게 된다. 회중에게 "예"라고 하기 위해 개인에게 "아니요" 하기를 두려워하지 말라.

에너지와 관련해서, 성도를 만나 몇 차례 상담 시간을 가지면서 당신이 상담에 필요한 대부분의 일을 떠맡지 않도록 주의하라. 흔히 말하는 "80대 20 법칙"을 기억하라. 어떤 상담이든 피상담자는 80%에 해당하는 책임을 져야 하고, 목사는 좋은 질문과 몇 가지 성경 본문, 적절한 조언으로 그를 지도하면 된다. 일반적으로 믿음이 덜 성숙한 신자는 당신이 가르침이나 조언으로 조금 더 도와주어야 할 필요가 있으므로, 기꺼이 그를 도와주어야 한다. 그러나 앞서 말한 예습 과제에 성의를 보이지 않는 사람의 경우처럼, 문제를 없애는 데만 혈안이고 스스로 무엇을 할 의지가 없이 상담에 임하는 사람에게는 단호하게 대처해야 한다. 그들은 무슨 질문에든 "모르겠어요." "신경 안 씁니다." "하고 싶지 않아요." 등의 반응으로 일관할 뿐이다. 이런 상황에서는 무거운 짐을 감당해야 하는 이가 누구인지 직설적으로 말해야 한다. 당신은 정말 상처를 입고 움직일 능력이 없는 사람과 그저 움직일 의지가 없는 사람의 차이를 구별하는 방법을 터득하게 될 것이다.

❖ **상담하면서 유념해야 하지만**
피상담자에게 물어볼 필요는 없는 질문들 ────────

- 이 사람이 구원받았는가? 그는 복음을 이해하는가? 그렇지 않다면 그가 복음을 이해할 수 있도록 무엇을 할 수 있는가? 그가 그리스도인이 아니라면 상담 방식을 어떻게 조정해야 하는가?
- 이 사람의 믿음은 어떤 양상을 띠고 있는가? 그가 처한 상황 속에서 그의 믿음은 어떠한 신실한 모습을 보이고 있는가?
- 이 사람의 삶 가운데 어떤 어려움이 보이는가? 그가 고난에 대한 성경적인 관점을 갖고 있는가 아니면 세상에 의해 그 관점이 왜곡되었는가?
- 그의 삶에서 어떤 죄가 보이는가? 그는 그 죄를 깨닫고 있는가 아니면 그 죄에 대해 무지한가?
- 그는 어떠한 양상의 죄를 짓는가? 회복이 가능한가? 그가 회복하는 방법을 깨닫게 하려면 어떻게 도울 수 있는가?
- 그가 처한 상황에 소망의 징후가 있는가? 이 사람의 인생에서 하나님의 은혜를 어떻게 증명할 수 있는가?

6장
마지막 상담

상담이라는 공사에서 마무리가 가장 어려운 작업일 때가 있는데, 마무리하는 임무가 더 까다로워서 그런 것은 아니다. 마무리가 어려운 이유는, 상담을 위해 설계하기, 기초 쌓기, 뼈대 만들기 등 많은 노력을 쏟고 나서도, 건축물을 멋지게 완성하는 데 필요한 작은 단계들을 다 완수할 때까지 목적의식을 유지해야 하기 때문이다. 몇 주에 걸쳐 공사를 하고 나서 다듬는 일을 끝내고 페인트칠을 해야 했던 사람이라면 이 기분을 알 것이다. 목사는 지금까지 많이 노력하고 생각해 왔지만, 훌륭한 마무리를 위해서도 그리해야 한다. 당신은 이미 많은 수고를 했다. 조금만 더 수고하면 지금까지 성취한 것들이 확실한 성취로 남게 될 것이다.

이제 우리는 마지막 상담에 대해 이야기하면서, 상담에 확고한 결론을 내리고 교회 차원의 정규적인 관리로 전환하는 두 가지 요소를 설명할 것이다. 첫 번째는 상담의 주요 주제 검토, 두 번째는 정규적인 관리를 위한 계획이다. 그런데 이 내용들을 설명하기에 앞서, 상담 과정이 거의 끝나간다는 사실을 알려주는 기본적인 지표 몇 가지를 먼저 살펴보아야 하겠다. 상담을 완료할 시점을 어떻게 알 수 있는가?

언제 상담을 종료하는가

어떤 경우에는 상담을 종료해도 좋다는 징후가 분명하게 나타나지만, 어떤 경우에는 그것이 분명하지 않다. 당신은 다소 불편한 기분이 들면서, 모든 문제가 해결되지는 않았다는 것을 자각하고 있을지도 모른다. 피상담자가 더 성장할 필요가 있거나, 그가 상담을 계속하고 싶어 하는 기색이 느껴질 수도 있다. 하지만 이런 요인들은 상담을 계속해야 하는 합당한 이유가 아니다. 상담을 종료할 시기는 항상 지혜가 요구되는 판단이다. 몇 가지 명확한 기준을 갖고 결정하는 것이 가장 좋다. 먼저 상담 종료 시점을 결정하는 긍정적인 신호들을 살펴보고, 그 다음에는 부정적인 신호들을 살펴보겠다.

긍정적인 신호

피상담자가 자신의 문제를 이해하고 문제에 대처할 준비가 되었다. 상담 종료를 결정하기에 가장 좋은 신호는 피상담자가 문제에 믿음으로 대처할 만큼 적절하게 준비가 되어 있고, 이를 증명하는 행동 양상을 꾸준히 보여주는 경우이다. 이로 인해 증상이 완화되는 유익이 따라올 수도 있다. 예를 들어, 초기에 느낀 우울감이 그리 심각하지 않다거나, 부부가 화해하고 서로 신뢰하기 시작했다거나, 포르노에 중독되었던 청년이 성적인 죄를 상당히 절제하게 되었다거나, 초기의 문제가 더 이상 삶을 황폐하게 하지 않는 경우이다. 피상담자들은 이제 더 이상 당신을 만날 필요를 느끼지 않는다. 그리고 그들을 사랑하는 당신도 더 이상 그들을 상담할 필요를 느끼지 않는다.

당신이 그를 상담하기보다 다른 사람이 그를 돌보는 편이 더 효율적이다. 당신이 지역 교회에서 상담 사역을 하는 경우, 교회 내의 다른 부부나 다른 성도에게 피상담자를 만나보게 할 수 있을 것이다. 때로는 당신보다 그들이 그 사람의 문제를 감당하는 편이 더 효율적일 수 있다. 이는 목사인 당신의 위치를 위협하는 조치가 아니며, 오히려 교회가 건강하게 기능한다는 징후이다. 다른 사람에게서 당신이 갖고 있지 않은 기술이나 통찰을 발견하면 당신은 기뻐해야 한다. 이런 경우를 인지하게 되면 피상담자를 다른 성도가 돌볼 수 있도록 인도해주는 것이 가장 좋다. 당신은 그저 목사로서 돌봄이 잘 이루어지는지 감독하라.

부정적인 신호

애석하게도 모든 상담이 긍정적인 결론으로 끝나지는 않는다. 때로는 피상담자를 다른 상담자에게 넘기거나 다른 유형의 관리를 받게 해야 될 경우가 발생한다.

상황이 전혀 바뀔 기미가 보이지 않는다. 당신이 그를 돕기 위해 얼마 동안 노력했음에도 상황이 전혀 바뀔 조짐이 없다. 피상담자는 분명히 상황을 변화시키려고 열심히 노력했지만 여전히 같은 문제로 고통받고 있다. 심지어 문제가 더 심각해질 때도 있다. 당신의 통찰력이나 기술이 부족했을 수도 있고, 피상담자의 굳은 마음, 무지 또는 다른 요인 때문일 수도 있다. 보통은 양쪽 모두에게 조금씩 원인이 있다. 그러나 핵심은 아무런 변화도 일어나지 않고 있다는 것이다. 이런 경우, 당신보다 더 적합한 인물이 문제를 담당하는 것을 고려해보아야 할 것이다. 이에 대해서는 마지막 장에서 더 이야기하도록 하겠다.

스스로 무엇을 하는 데에 관심이 없다. 어떤 사람은 상담 시간에 불평하고, 험담하고, 푸념하느라 여념이 없는 경우가 있다. 막상 성경을 공부하고, 자신의 마음의 반응에 대해 깊이 생각하고, 죄에 직면하고, 자신의 염려에 맞닥뜨리는 어려운 작업을 해야 될 때에는 그것을 하지 않으려 한다. 이런 사람은 상담 시간에 자신이 져야 할 무거운 짐을 당신이 들어주기를 기대한다. 그러나 목사는 피상담자가 사실상 아무것도 하지 않으면서 상담실에 와 있는 것만으로 "무엇을 하고 있다"고 위안을 삼는 데에 동조해줄 수는 없다. 그가 전혀 노력하지 않으면서 노력하고 있다고 스스로 기만하게 내버려두지 말라. 예습 과제를 하지 않고, 당신의 질문에 대답하는 데에도 관심이 없다면 그 사람을 위해서라도 상담을 종료해야 한다. 그들의 심령은 가르침 받기를 실질적으로 거부하고 있는데, 약속 시간에 상담을 받으러 왔으니 자신이 노력하고 있다고 착각하게 두는 것은 그를 자기기만에 빠지게 하는 것과 같다.

당신을 신뢰하지 않는다. 당신의 실수가 뼈저리도록 명백한 상황들이 있을 것이다. 어쩌면 당신이 문제를 제대로 이해하지 못한 채로 이야기를 해서 상담을 망쳤거나, 순전히 낙심한 상태에서 그들에게 반응했을 수도 있다. 상담 약속을 잊어버렸거나 당신의 일정이 바빠 다음 상담 시간을 잡지 못했을 수도 있다. 당신의 잘못이든 그들의 기대치가 비현실적이었든 간에, 요점은 당신이 그들의 신뢰를 잃었다는 것이다. 원인이 무엇이든 그들이 당신을 더 이상 신뢰하지 않으면 당신의 지도를 받으려 하지 않을 테고, 상담을 끝낼 때가 된 것이다. 그들이 교회 안의 누구도 신뢰하지 않으려 한다면, 다른 교회로 옮기는 것을 고려할 때일 수도 있다.

당신이 도와줄 수 있는 수준 이상으로 더 많은 도움이 필요하다. 피상담자의 문제가 몹시 심각해서 당신이 그를 돌보는 정도보다 더 많은 시간이나 전문적인 지식이 필요한 경우다. 당신이 그를 도울 시간이 더 많으면 좋겠지만, 그는 일주일에 한 시간의 대화보다 더 많은 대화가 필요한 상황이어서 당신이 이 일을 감당하려면 다른 책임들을 내팽개쳐야 할 정도다. 예를 들어, 피상담자의 섭식 장애가 통제 불능 수준으로 심각해서 날마다 대화를 해야 한다든가 어떤 특정한 문제를 다루기 위해서 특정한 기술이 필요한 경우 등, 당신으로서는 그 복잡한 문제를 다루는 데 필요한 통찰력이나 기술, 시간이 없는 경우이다.

위와 같은 신호들에 대해 설명한 이유 중 하나는 당신이 다룰 수 있는 문제의 한계치가 생각보다 높다는 것을 알려주기 위해서이다. 그러나 어떤 문제들은 영적으로 매우 복잡하거나 병리학적으로 뿌리가 너무 깊어서 더 숙련된 전문가를 찾아야 하는 때가 있다는 점을 인지하기를 바란다. 우리의 목표는 사람들을 떠넘기는 것이 아니라 그들에게 필요한 도움을 받게 하는 것이다.

교회 안의 다른 사람(다른 목사나 어떤 성숙한 성도)에게, 또는 교회 밖의 다른 사람(지역사회의 전문 상담사나 의사)에게 피상담자를 맡기게 되었을 때, 당신이 실패했다고 생각하지 말라. 때로는 개개인을 목양하다 보면 당신이 직접 그 일을 계속하기보다 옳은 방향을 가리켜 보이는 것(그 사람에게 필요한 시간과 관심을 쏟을 수 있는 사람을 소개하는 것)이 최선책일 때가 있다. 이 부분에 대해서는 마지막 장에서 더 이야기하도록 하겠다.

당신의 상황이 위의 신호들 중 어느 경우에 해당하든, 각 신호들은 당신이 마지막 상담을 제안함으로써 상담을 끝낼 때가 되었다고 알려주는 좋은 지표이다. 어떤 이들은 상담이 끝나서 무척 기뻐할 것이고, 어떤 이들은 깜짝 놀랄 것이다. 후자의 경우에는 마지막 상담 시간이 몹시 어려울 수도 있다. 그들은 필요 이상으로 상담을 계속 하고 싶어서 자신에게 도움이 얼마나 필요한지 증명해 보이려고 할 수도 있다. 만일 당신이 지혜롭게 모든 것이 끝나야 한다는 결론을 내렸다면, 은혜로운 태도로 일을 잘 마무리하라. 요구가 지나친 사람들이 당신의 상담 진도를 좌지우지하게 하지 말라. 겸손하게 그들의 관심사에 귀 기울이고, 그 문제를 놓고 기도하라. 그리고 무엇이 최선인지 결정하라.

❖ 실패에 직면할 때 겸손과 용기로 반응하기 ─────

상담이 형편없게 진행된 경우라도, 상담 실패의 원인을 파악하는 좋은 기회로 삼을 수 있다. 먼저, 목사로서 겸손한 마음으로 경건한 비판을 받아들이라. 남편에게 태도가 달라져야 한다고 압박을 주었는데 알고 보니 아내가 당신에게 말하지 않은 비밀이 있었는가? 말씀을 피상적으로 적용했는가? 당신이 그들에게 인내심 없게 대했는가? 그들을 답답하다고 생각하고 대하지는 않았는가?

당신은 그들의 목사로서 용기를 갖고, 상담이 제대로 진행되지 않은 이유를 설명하는 어려운 일도 감당해야 한다. 피상담자가 너무 교만하거나 남 탓만 해서, 그들이 회개하고 문제에 책임지려 하지 않는 이상 아무것도 변할 수 없는 상황인가? 당신이 경건한 충고를 했는데 그들이 일축했는가? 그들이 두려움으로 움츠러들거나, 다른 사람들을 무분별하게 대하거나, 세속적인 욕망에 굴복하는가? 때로는 당신이 그들의 삶에 변화가 일어나도록 쓴소리를 기꺼이 해주는 유일한 사람일 수 있다. 동시에 친절한 태도로 그런 조언을 함으로써 당신의 궁극적인 동기가 사랑임을 보여주는 유일한 사람일 수 있다.

마지막 상담을 구성하는 요소들

마지막 상담은 두 부분으로 구성된다. 첫째, 전체적인 상담 과정을 통해 하나님이 하신 주요한 일들을 돌아본다. 둘째, 피상담자를 교회의 정규 사역과 관리에 맡긴다.

여기서 한 가지 짚고 넘어갈 점은, 마지막 상담 전에 "다음 시간이 마지막 상담"이라는 사실을 당신과 피상담자 모두 알고 있어야 한다는 것이다. 상담 도중에 이 사실을 갑자기 통보하면 피상담자가 크게 당황할 것이다. 마지막 상담 전에 미리 알려주면 그는 당신이 계획을 갖고 신중하게 숙고한 끝에 상담 종료를 결정했다고 받아들일 것이다.

상담의 주요 주제들을 돌아보기

훌륭한 에세이의 결론 단락처럼 마지막 상담 시간에도 상담의 주요 주제들을 요약해야 한다. 이런 요약에는 긍정적인 것과 부정적인 것이 있다. 더 구체적으로 말하자면 "칭찬하기"와 "경고하기"가 있다.

칭찬하기. 하나님이 그들의 삶에서 하신 일들에 대해 그들을 칭찬하고 함께 기뻐하는 시간을 갖도록 하라. 문제 자체에 생긴 긍정적인 변화보다는 그들이 문제에 반응하는 태도에서 일어난 긍정적인 변화를 강조하라. 이를 통해 그들은 어떤 환경 속에서도 믿음으로 사는 것에 한층 집중할 수 있다. 당신은 하나님이 한 사람의 마음속에 하신 일들을 살펴보고 있다. 이 작업에는 피상담자가 믿음으로 일으킨 새로운 반응에 대한 인정과 그의 마음속에 그런 반응을 일으키신 하나님의 역사에 대한 자각이 모두 포함된다(빌 2:12-13).

이 과정에서 피상담자가 자신의 삶을 돌아볼 수 있게 다음과 같이 질문하라.

- 하나님이 당신에게 무엇을 가르쳐주셨습니까?
- 상담을 시작하기 전, 당신의 상태는 어땠습니까?
- 상담을 하면서 그 문제에 대한 당신의 반응은 어떻게 변화했습니까?
- 어떻게 소망이 생겼습니까?
- 언제 가장 낙담했습니까?
- 처음 상담을 시작했을 때보다 지금 하나님을 더욱 신뢰합니까?
- 하나님의 말씀에서 어떤 교훈을 배웠습니까?
- 당신 자신과 하나님의 성품, 구원, 당신의 만족에 대해 예전에 몰랐다가 이제 새롭게 알게 된 사실은 무엇입니까?

위 질문들은 피상담자에게 당신의 목회적 지도에 대한 긍정적 인상을 심어주기 위한 것이 아니라 그의 고난 중에 도우신 하나님의 은총을 자랑하기 위한 목적이어야 한다. 변화의 중요한 요소 중 하나는 하나님께 감사하는 것이다(골 3:15-17).

살아남는 데 급급하다 보면 사람들은 당면한 감정이나 상황에 몰두하느라 전체를 보는 시각을 잃어버리기 쉽다. 많은 경우 사람들은 그들이 순종한 것보다는 실패한 것에 신경쓰는 경향이 있다. 그들의 믿음이 아무리 작고 미미할 때라도, 당신은 목사로서 성도가 그의 인생에 하나님이 임재하신 것에 대해 감사하게 함으로써 믿음의 불꽃이 타오르게 해야 한다. 목사인 당신은 성도가 당면한 염려에서 눈을 들어 하나님이 하신 모든 일을 드넓게 바라볼 수 있도록 격려해야 한다.

그러나 긍정적으로 칭찬하기 어려울 때도 있다. 어쩌면 우리가 앞서 살펴보았던 부정적인 이유들 때문에 상담을 끝내는 상황일 수도 있다. 이런 행복하지 않은 경우에는 마지막 상담 때, 하나님은 정말로 하나님의 소유인 사람을 그분의 오랜 계획 속에서 변화시키신다고 설명하라. 이번 계절에 수확하지 못했다고 해서 아무런 성취가 없다는 뜻은 아니다. 그 계절이 새로운 성경적인 시각을 심거나 기존의 시각에 물을 주는 시기였을 수 있다. 다만 아직 수확할 때가 오지 않았을 뿐이다. 우리는 시작하신 일을 이루시는 하나님의 신실하심을 언제나 찬양할 수 있다(빌 1:6).

경고하기. 모든 문제가 해결되고 상담이 끝나는 경우는 별로 없다. 상담을 통해 긍정적인 변화가 나타났을 때라도 아직 초기 단계여서 앞으로 오랜 시간에 걸친 점진적 추가 개선이 필요한 경우도 있다. 인생은 평탄하지 않다. 죄와 고난에는 결과가 따르며, 그 결과 중 많은 부분은 오랜 시간 인내해야 하는 것들이다(갈 6:7-8). 성도는 계속 깨어서 자기 영혼을 지켜야 한다. 당신은 목사로서 그들이 깨어 있도록 준비시켜야 한다. 그러므로 이 시점에서 우리는 상담의 주제들을 돌아보는 두 번째 사항인 위험에 대해 "경고하기"에 관하여 이 야기하고자 한다.

상담을 하면서 당신은 그들을 도와 그들의 인생을 고통스럽게 하는 죄와 고난의 여러 가지 역학 관계에 대해 생각해보게 했다. 이 주제를 다시 언급하고, 그와 관련된 성경의 약속과 명령을 복습하고, 행동 전략을 상기시켜주라. 예를 들어 포르노의 유혹과 싸우고 있는 청년이라면, 책임성을 갖고 그를 살펴봐주는 관계들이 끝나버리거나 다시 실패하여 죄책감과 수치심이 밀려오면 어떻게 하겠느냐고 물어보라. 특정한 자매와 결혼하고 싶은 상황이 되면 그가 해야 할 처신에 대해 이야기하라. 또는 피상담자가 배우자를 잃은 과부이고, 당신이 몇 달에 걸쳐 신중하게 상담하며 그의 슬픔을 달랬다고 가정해보자. 이제 먹구름은 걷혔고 피상담자는 다시 사람들과 교제도 하고 말씀을 기쁘게 묵상하고 있다. 당신은 그에게 다시 슬픔이 찾아올 때, 성인 자녀들과의 관계를 개선하고 싶을 때, 재혼을 원하게 될 때 어떻게 대처해야 할지 이야기해야 할 것이다.

위의 사례에서 당신은 피상담자가 미래에 직면하게 될 상황 속에서 그가 예전의 습관으로 돌아가지 않도록 성경적인 원칙과 실제적인 행동 전략을 강화시키게 된다. 경고할 때에는 히브리서 저자와 같이 소망의 풍성함을 상기시키면서도 진지하게 권면해야 한다. 히브리서 6장에서 저자는 성경 전체에서 가장 엄중한 경고를 하고, 9절에 다음과 같이 썼다.

"사랑하는 자들아 우리가 이같이 말하나 너희에게는 이보다 더 좋은 것 곧 구원에 속한 것이 있음을 확신하노라."

이어서 그는 성도들의 삶에 나타난 은혜의 증거들을 칭찬한다. 당신은 목사로서 히브리서 저자의 방식을 모방하기만 하면 된다. 따뜻하게 칭찬하는 가운데 진지하게 경고하라.

정규적인 관리 계획하기

지금까지 긍정적인 변화들을 칭찬하고 과거의 습관으로 되돌아가지 않도록 경고하는 방식으로 주요 주제들을 돌아보았다. 이번에는 피상담자를 교회 공동체의 정규적인 관리 수단으로 돌려보내는 것에 대해 이야기해보자. 상담 과정이 끝나면 목사는 제시된 문제를 앞장서서 처리하는 자리에서 물러나고, 하나님이 자녀들에게 공급하시는 정규적인 은혜의 수단을 통한 관리에 피상담자를 맡겨야한다. 여기에서 우리는 공적, 개인적, 사적 말씀 사역에 대해 생각해보기로 한다.

공적 말씀 사역. 피상담자가 설교와 가르침으로 전해지는 하나님의 말씀의 능력을 결코 간과하게 하지 말라. 즉, 그들은 반드시 말씀의 공적 사역을 통해 관리받아야 한다. 이를 당연한 것으로 여기지말고, 교회에서 목사가 전하는 말씀을 받아들이고 묵상하는 것의위력을 피상담자에게 상기시키라. 성도들의 공적 모임을 우선순위에 두지 않는 사람은 은혜 안에서 자라지 못하고 성장을 멈추게 된다(히 10:23-25). 목사로서 당신은 피상담자가 매주 교회에서 공적으로 선포되는 하나님의 말씀을 들으며 꾸준히 영적인 공급을 받는다는 사실을 확인하면 더욱 확신을 갖고 상담을 끝낼 수 있다.

개인적 말씀 사역. 교회 안의 성도들의 교제와 상호 돌봄을 최대한 잘 이용하도록 하라. 개인적 사역에는 공식적 사역과 비공식적 사역이 있다. 공식적 사역은 서로를 책임지고 격려하기 위해 정기적으로 만나 말씀을 나누는 공동체 그룹을 포함한다. 공동체 그룹이 피상담자를 돌보기 위해 어떤 역할을 하는지 피상담자에게 알려 주라.

비공식적 사역은 교회 안의 강한 우정일 수 있다. 첫 상담 시간에 피상담자에게 교회 안에서 친하게 지내는 사람이 있는지 물어보아야 한다. 목사는 상담 기간 동안에 피상담자가 교회 공동체와 더욱 깊은 유대를 갖게 하여, 상담이 끝난 다음에도 교회의 다른 멤버들이 지속적으로 그 사람의 삶에 관심을 기울일 수 있게끔 유도한다. 성도 간의 친밀한 우정은 그리스도인의 성장에 필수적이며 상황이 악화되었을 때 안전망 역할을 할 수 있다.

다시 심각한 문제가 발생할 경우 그의 친구나 소그룹 멤버가 목사에게 조언을 구해 올 것이다. 이때 피상담자에게 계속적인 실패나 저항이 있는지 그들을 통해 확인하는 것이 좋다. 목사의 직접적인 개입이 필요할 때도 있지만, 삶에서 일반적으로 겪는 굴곡이라면 교회 공동체가 생각보다 훨씬 효율적으로 관리할 수 있다.

사적 말씀 사역. 마지막 상담 시간을 갖기 전에 목사는 피상담자에게 줄 마지막 예습 과제를 고려해야 한다. 목표는 피상담자가 개인적인 경건 시간을 통해 꾸준히 그리스도를 찾음으로써 말씀이 그의 삶에서 계속 역사하는 기회를 만드는 것이다(사 55:10-11).

성경 말씀과 보조 자료를 모두 고려해보아야 한다. 말씀의 경우 아마 피상담자가 몇 주나 몇 달간 성경 본문들을 연구하면서 유익을 얻었을 것이다. 당신은 그에게 본문에 관한 기본적인 질문들을 제공함으로써 그가 합당한 관점을 유지하면서 성경을 읽어나갈 수 있게 도울 수 있을 것이다. 보조 자료의 경우 성경적 원칙을 그의 고민에 적용하는 방법에 대해 통찰을 줄 만한 좋은 책이나 아티클 등을 추천할 수 있다.

성경 읽기 계획과 보조 자료를 추천할 때, 상담 때 다룬 주제로 초점을 한정시킬 필요는 없다. 하나님과 하나님의 성품에 대한 지식이 자라가는 것은 그리스도인에게 언제나 유익하다. 요점은 그 사람이 하나님의 말씀을 통해 하나님을 알도록 돕는 것이다. 이것은 그리스도인의 제자화를 위한 최고의 장기 계획이다.

심각한 자살 충동 등 극단적인 방식으로 정신적 고통을 표출한 경력이 있는 피상담자의 경우, 같은 상황을 다시 경험할 때 곧바로 도움을 구해야 한다고 알려주라. 또한 그런 상황에 당신이나 교회 내의 지정된 인물에게 전화하게 해서 그가 어떤 어려움에 처하게 되든 교회가 그를 돌볼 수 있게 하라.

정규적인 관리 계획이 세워졌으면 반드시 마지막 기도를 하라. 그를 주님의 보좌 앞에 데려가 그가 그리스도 안에서 지닌 소망을 상기시키고 나서 상담을 마치라. 마지막 기도를 하면서 마지막 상담에서 나눈 이야기와 전체적인 상담 과정에 일어난 일들을 돌아보게 하라. 마무리 기도를 통해 주님의 은혜가 그의 문제보다 훨씬 크다는 것과 주님이 그의 삶에서 구체적으로 일하고 계신다는 사실을 보게 하라.

마지막으로 생각할 점

마지막에는 항상 문을 열어 두라. 추가적인 상담을 약속하라는 뜻이 아니라, 하나님이 사용하실 어떤 수단을 통해서든 그가 계속해서 자라가는 모습을 지켜보겠다는 약속을 의미한다. 미래에 당신이 기대하는 바를 분명하게 밝히고, 특히 상담이 끝난 뒤의 당신의 역할을 분명히 하라. 그의 접근을 차단하지 말라. 당신은 지속적인 관리의 일환으로서 그 사람과 예배 후에 갖는 가벼운 대화나 이따금 갖는 통화를 환영하여야 한다. 이런 대화가 어떤 사람에게는 바른 길을 계속 유지하게 하는 작은 생명줄이 될 수도 있다.

때로는 그것들이 당신에게 생명줄 역할을 할 수도 있다. 하나님은 그 대화를 통해 당신이 일하지 않을 때에도 그분이 일하신다는 사실을 당신에게 상기시키실 수 있다.

3부

콘텍스트

7장
결코 혼자서 수고하지 말라 :
제자화 문화 추구하기

피상담자의 문제를 놓고 수고하는 상담 프로세스에 대한 설명은 끝났다. 그런데 그 사람을 돌보는 더 넓은 세팅에 대해서는 아직 나눠야 할 이야기가 있다. 목사의 상담이 오로지 변화를 일으키기 위한 목적이라면 당신은 매일 밤 수면을 포기하기로 작정해야 한다. 모든 교회 멤버의 영적 건강이 당신에게 직접적으로 달려 있기라도 하듯 수고하다가는 당신은 결국 감당할 수 없는 짐에 깔려 허덕일 것이다. 지혜가 풍성하신 하나님은 한 사람이나 한 무리의 사람들이 아닌 교회 전체에 제자화의 임무를 맡기셨다.

　마지막 두 장에서는 교회와 지역사회의 자원을 통해 어려움에 봉착한 사람들을 돕는 방법에 대해 살펴보고자 한다. 이번 장에서는 스트리트뷰street view에서 시티뷰city view로, 즉 목회 상담에서 교회 전체로 관점을 이동시키고자 한다. 다음 장에서는 시티뷰가 주변

경관을 보여주듯이, 교회도 상담사나 의사 등 교회 외적인 자원들을 보유한 지역사회 안에 속해 있다는 사실을 짚어보고자 한다. 따라서 이번 장에서는 당신이 절대로 혼자 수고하면 안 되고 회중 속에 제자화 문화를 세워야 한다는 점을 강조하고자 한다. 그리고 다음 장에서는 의학적, 정신적 치료와 전문 기독교상담사, 그리고 파라처치parachurch 상담 자원을 지혜롭게 사용하는 방법을 몇 가지 안내할 것이다.

제자화 문화

문화를 정의하는 것은 까다로운 작업이다. 문화 충격을 겪어본 적이 있는가? 그렇다면 그 경험이 문화의 실질적인 의미를 이해하는 데 많은 도움이 될 것이다. 도시에서 살다가 시골로 이사한 소년은 인적이 드물고 사방에 한가로운 논밭이 펼쳐진 새 환경에서 무기력한 따분함을 경험할 수 있다. 사람들이 바쁘게 오가던 소란스러운 세상은 이제 없다. 소년은 자신이 속했던 문화의 외부에 놓이게 된다.

문화는 함께 공유하는 일련의 신념, 가치, 관습이다. 모든 지역사회가 문화를 가지고 있으며, 마찬가지로 모든 교회는 자신의 문화를 가진다. 교회 안에는 특정 신념, 가치, 관습에 관한 공유하는 기대가 있으며 공동체에 속한 각 멤버들이 그 기대의 형성에 기여한다. 한 교회에 속한 모든 멤버가 자기 교회의 문화를 만드는 것이다.

그들의 말과 행동, 가치 체계, 씀씀이, 사랑 또는 불만을 행동으로 표출하는 방식, 학교나 직장에서 행하는 실천적인 삶의 선택들, 이 모든 것들이 당신이 속한 교회의 문화를 형성한다.

그러나 당신은 목사로서 교회 문화 형성에 가장 중심적인 역할을 담당한다. 당신이 가장 자주 설교하기 때문에 당신의 신념과 가치는 교회의 문화를 좌지우지하는 큰 영향력을 갖는다. 당신에게 중요한 사안들이 대개 교회에 중요한 사안을 정의한다. 이러한 영향력은 엄중한 특권이다(히 13:7).

따라서 우리는 목사로서 진정 무엇이 우리에게 가장 중요한 것인지 물어보아야 한다. 먼저 우리는 왜 목회를 하는가? 우리는 그 궁극적인 답이 하나님을 영화롭게 하기 위해서라는 것을 알고 있다. 그러나 어떤 방법으로 이 목적을 달성할 것인가? 유려한 설교? 사회적인 영향력 증가? 견고하게 증가하는 교인 수? 이런 것들은 "수단"일 수는 있지만 그 자체로 충분한 "가치"는 아니다. 하나님을 영화롭게 하는 방법은 제자를 만드는 것이다. 제자 만들기가 목사의 가치 체계에서 가장 중요한 부분이어야 한다. 그리고 목사는 이를 교회 멤버들이 공유해야 할 가치로서 교회에 전달해야 한다.

당신은 교회 멤버들에게 무엇을 기대하는가? 당신의 교회 안에서 제자화는 당연히 행해져야 할 것으로 기대되는가? 당신의 교회는 그것을 생사가 걸린 우선순위로 삼는가? 성경은 제자를 만드는 일이 교회 멤버뿐 아니라 목사의 임무이기도 하다고 명확히 밝힌다. 예수님은 죽으시기 전날 밤 제자들에게 자신이 세우신 새 언약 공동체의 특징에 대해 말씀하셨다.

> "새 계명을 너희에게 주노니 서로 사랑하라 내가 너희를 사랑한 것 같
> 이 너희도 서로 사랑하라 너희가 서로 사랑하면 이로써 모든 사람이 너
> 희가 내 제자인 줄 알리라"(요 13:34-35).

그리스도께서는 새 언약 공동체 성도들에게 주님이 보이신 사랑
을 서로 나누라고 명령하셨다.

바울은 이 핵심적인 명령을 선택하여 교회 생활에 적용한다. 그
는 말과 행동으로 서로 사랑함으로써 각 멤버가 전체 멤버를 세울
것을 권고한다.

> "오직 사랑 안에서 참된 것을 하여speaking the truth in love 범사에 그에게까
> 지 자랄지라 그는 머리니 곧 그리스도라 그에게서 온 몸이 각 마디를
> 통하여 도움을 받음으로 연결되고 결합되어 각 지체의 분량대로 역사
> 하여 그 몸을 자라게 하며 사랑 안에서 스스로 세우느니라"(엡 4:15-16).

그리스도 안에서 세워지는 것은 제자로 세워진다는 것을 뜻한다.

따라서 제자화는 멤버들이 사랑 안에서 서로 수고할 것을 요구한
다. 모든 그리스도인은 제자화에 대한 하나님의 계획 속에서 서로
사랑할 의무가 있다. 이러한 사랑에는 서로 우애하기(롬 12:10), 서로
용납하기("너희도 서로 받으라", 롬 15:7), 서로 가르치기(롬 15:14), 불쌍히 여

기며 서로 용서하기(엡 4:32), 피차 권면하기(살전 5:11)와 같은 실천적인 수고가 포함된다. 이것은 힘든 수고다. 영광스럽게 힘든 수고다.

비록 이것이 힘들지만, 어쩌면 힘들기 때문에 목사는 교회 모든 멤버들의 적극적인 참여로 이루어지는 신약성경적인 제자화를 꺼려해서는 안 된다. 신약성경적인 제자화는 "나는 교회에 돈을 내고 교회는 내가 원하는 것을 준다. 내가 원하는 것만 주어야 한다. 내가 원하는 것은 내 인생에 도움이 되는 훌륭한 가르침과 내가 곤경에 빠졌을 때 나를 도와줄 목사이다."라고 말하지 않는다. 오히려 그런 소비자 지상주의적인 사고를 가진 사람들을 불쾌하게 만드는 면이 있다.

성경적인 제자화에는 교회에 대한 사람들의 기대를 짓밟는 것 이상으로 우리를 더욱 불편하게 하는 것이 있다. 우리가 신봉하는 인간관계 원칙인 "내 일은 내 일, 네 일은 네 일"이라는 전제까지 거스른다는 점이다. 더군다나 성경에서 개인 사생활 침범에 관한 원칙을 찾아보면 거의 발견할 수 없다. 이 점이 사람들의 심기를 불편하게 한다. 따라서 기존의 사고방식에 대치되는 문화를 형성하려면 인내와 기술이 요구된다.

이 점을 주의하라. 당신은 마치 교회의 모든 멤버가 다른 사람의 개인 사업에 대한 권리를 가진 것처럼 서로 합당한 경계 없이 지내라고 요구하는 것이 아니다. 타락한 세상에서 살아가려면 옷을 입어야 한다. 개인적인 것들은 당연히 신뢰할 만한 사람들에게만 맡긴다. 요점은 문제가 생겼을 때 기꺼이 다른 사람들을 도와줄 마음이 있고 또한 도와줄 능력도 있는 신뢰할 만한 사람들을 세워야 한 다는 것이다.

우리는 교회 안에서 익명의 존재로 지내거나 명목상의 교인으로 붙어 있는 것이 당사자에게 어려운 일이 되는 그러한 교회를 만들 기 위해 씨름해야 한다. 선포된 말씀과 다른 그리스도인들 상호 간 의 긴밀한 관계로부터 신자들이 건전한 압박을 받기를 바란다. 다 시 말해 당신의 성도들은 교회가 적극적인 제자화를 기대한다는 사 실을 알 수 있어야 한다. 그러므로 당신은 정기적으로 스스로에게 물어보라. 나는 우리 교회를 그리스도를 닮은 성품(사랑, 섬김, 소망, 자기 희생) 안에서 이끌어, 멤버들이 서로 제자화하는 것이 정상적이고 기 대되는 일이 되게 하고 있는가?

강조해야 할 핵심 기대 항목

위의 질문에 잘 대답하기 위한 몇 가지 제안을 하고자 한다. 몇 가 지 실천적인 조언이 있겠지만, 공식적인 프로그램이나 공식적인 활 동을 조직하는 것이 주가 되지는 않을 것이다. 제자화 문화 형성은 교회 안에 프로그램이나 수업, 그룹, 기타 다른 공식 활동들을 만드 는 일이 우선적인 것이 아니다. 물론 멘토링 프로그램을 통해 지혜 로운 연장자와 미숙한 젊은이를 연결시켜줄 수 있으며, 소그룹 모 임을 통해 성도들 간에 한층 친밀한 관계를 형성시킬 수 있다. 연 령별 주일학교 분반공부를 통해 생활 속 여러 가지 상황에 대비하는 구체적인 지침들을 제공해줄 수도 있다. 또한 지원 그룹은 인생에서 특정한 시기에 접어든 멤버들(신혼부부, 초보 부모)이나 고통(이혼, 우울증 등)을 겪는 이들을 돌볼 수 있다. 이 모든 체계들은 매우 유용한 역할들을 담당할 것이다. 그러나 제자화 문화는 이런 체계 없이도 번성할 수 있다.

체계적인 활동이 쓸모없다는 말이 아니다. 우리가 섬기는 교회들도 위에 설명한 체계들을 거의 다 갖추고 있다. 그러나 이런 체계들이 제자화를 돕지 못한다면 그것들을 거리낌 없이 버릴 것이다. 우리가 내세우는 제자화는 하나님의 말씀에 따라 함께 말하고 살아감으로써 서로를 사랑한다는 의미다.

제자화 문화는 멤버들이 서로를 사랑하기 위해 어떤 프로그램에 가입하거나 허락을 받을 필요가 없음을 뜻한다. 제자화 문화란 교회 멤버들이 자연스럽게 서로 사랑하고 다른 이들의 영적인 유익을 위해 행동하는 교회 문화다. 이 교회 문화는 프로그램이 아니라 교회의 혈관 안에 흐르는 자연스러운 것이다. 목사인 당신이 멤버들로 하여금 적극적으로 서로를 사랑하게 만들 수는 없지만, 그들에게 몇 가지 기대 항목을 설정해서 서로 사랑하도록 장려할 수는 있다. 이제부터 당신이 정기적으로 회중들에게 제시하여 제자화 문화를 촉진시킬 수 있는 세 가지 기대 행동에 대해 설명하겠다.

멤버십

이 첫 번째 항목이 이상하게 보일 수도 있지만 멤버십은 제자화에서 가장 중요한 기대 항목 중 하나다. 교회 멤버십은 사교 모임, 지역 체육관, 북클럽 등의 모임보다는 결혼 관계에 더 가깝다. 결혼은 언약적 헌신이다. 남편과 아내는 서로에게 헌신하기로 약속하고, 이러한 깊은 헌신으로 평생에 이어지는 사랑과 자기희생의 관계를 맺는다. 교회 멤버십도 유사하다. 성도들이 교회라는 공동체 안에서 정기적으로 모이는 이유는 하나님과 서로에 대한 헌신 때문이다.

한 성도가 교회의 멤버가 되면 멤버십 카드 이상의 것을 얻는다. 다른 멤버들이 그의 영적 유익을 위해 헌신한다. 그 역시 다른 성도의 영적 유익을 위해 헌신한다. 당신의 교회에 멤버로 합류하는 사람은 소위 "선데이 크리스천"이 바라는 편안함을 기대해서는 안 된다. 그는 멤버로 가입할 때 자신의 개인주의를 포기해야 한다. 멤버십이란 교회에 대한 전적인 헌신을 의미하고, 그러한 헌신은 제자 만들기의 토대가 된다. 의미 있는 멤버십은 차이를 만든다.

당신의 교회에 등록하는 사람들에게 멤버십과 제자화의 관계에 대해 분명하게 교육시키라. 예비 멤버들에게 제자화에 대한 당신의 기대를 설명하라. 멤버십 교육에서, 제자화는 그들이 교회의 일부가 된다는 뜻을 포함한다고 가르치라. 그들에게 개인적으로 다음과 같이 질문하라. "당신 자신이 제자가 되고, 다른 이들도 제자로 세우는 책임을 기꺼이 감당하겠습니까?"

또한 멤버십과 "권징"의 관계에 대해 분명하게 알려주라. 흔히 권징이라는 용어는 불쾌한 감정을 일으킨다. 심지어 성경에서도 필연적으로 권징(징계)이 불편할 수밖에 없지만 "의와 평강의 열매"라는 선한 목적을 위해 이를 감수해야 한다고 말씀한다(히 12:11). 교회의 권징이란, 영혼을 파괴하고 교회를 더럽히는 죄를 대적함으로써 멤버들이 서로 사랑하는 것이다(마 18:15-20; 고전 5:1-5). 모든 참된 사랑이 그렇듯이, 교회의 권징은 서로를 죄에 대해 오래참음과 정직으로 대함으로써 악한 것을 혐오하고 선한 것을 사랑한다(롬 12:9-21). 권징은 출교라는 최종 선고 이상의 의미를 지닌다. 권징은 교회 멤버들이 서로의 영혼을 돌아보고 경계하는 정규적인 경계의 일환이다.

상담은 이 같은 정규적인 경계의 일환이 될 수 있다. 상담을 받고자 하는 멤버들은 상담이 일종의 제자화 사역으로서 교회에 대한 넓은 책임성accountability의 일부임을 처음부터 알고 있어야 한다. 따라서 상담은 죄와 씨름하는 자들에게 안전한 장소가 된다. 설령 그들이 종종 죄에 넘어지더라도 그러하다. 그러나 분명한 죄를 저지르면서 회개도 없고 고의적으로 계속 죄를 짓는 자들에게 상담은 안전한 장소가 아니다. 진정으로 죄와 싸우는 태도와 회개하지 않는 태도가 항상 뚜렷하게 구분되지는 않으므로(장로회나 목회스탭들의 지혜에 대해 하나님께 감사할 따름이다), 성령님으로부터 즉각적인 통찰을 얻지 않는 우리가 할 수 있는 최선은 명확하고 합당한 기준을 가지고 오래참음과 소망으로 경계선 위에 있는 성도의 장기적인 삶을 조사하면서 책임성을 이행하는 것이다. 즉, 교회의 책임성은 상담실 안에서도 발휘되며, 권징은 피상담자와 교회 모두의 유익을 위한 조치이다.

목회 상담을 받을 때 피상담자의 마음 깊은 곳에 교회 권징에 대한 두려움이 조용히 자리를 잡아, 그의 회개하지 않은 죄를 대적하는 역할을 해야 한다. 교회 멤버가 교회에서 출교되는 날은 몹시 슬프고 엄숙한 날이 되겠지만, 우리는 교회의 권징이 한 영혼에 대해 책임을 지는 중요한 단계라고 생각한다.

구비시키기

둘째, 당신의 성도들은 제자 삼는 사역을 할 수 있도록 "당신의 손에서" 구비될 것을 기대해야만 한다. 당신은 가르침과 본보기라는 두 가지 주요 수단을 통해 멤버들을 구비시킨다.

목사는 제자화가 그리스도께서 그분의 교회의 유익을 위해 설계하신 아름다운 계획이라고 가르쳐야 한다. 성경을 읽는 멤버들이 그 아름다움을 직접 발견할 때 비로소 순종하려는 거룩한 동기를 갖게 될 것이다. 목사는 멤버들에게 죄책감을 느끼게 하거나 그들의 자존심에 호소해 제자다운 일들을 하게 동기를 부여할 수 있다. 그러나 그런 동기는 그리스도의 신부에게 합당하지 않다. 사람들이 성경의 가르침대로 행동하게 하려면 먼저 그들이 그것을 믿게 해야 한다. 그리고 그것을 믿게 하려면 그들에게 반복적으로 가르쳐야 한다.

공적인 모든 가르침에서 제자 만들기를 주제로 삼아야 한다는 말은 아니다. 신약성경의 가르침 전체에 제자화라는 주제가 흐르듯이, 제자화가 당신의 가르치는 사역을 관통하는 씨줄과 날줄이라고 생각하라. 현재 당신의 교회에 속한 모든 멤버에게 제자 만들기에 참여해야 함을 가르치라. 주일 설교 시간, 주일학교 교재, 제자화에 대한 훈련 세미나 등에서 이런 교육을 실시할 수 있다. 목사여, 이 주제가 당신의 회중에게 실천적 주제가 되게 하라. 예를 들면 다음과 같다.

- "저는 여러분들이 복음 안에서 충분한 확신을 갖고 투명한 삶을 살기를 바랍니다. 어려운 질문을 하거나 받는 것을 두려워하지 마십시오."
- "세상 문화가 개인적인 성공에 대해 주장하는 내용이 아닌, 성경이 교회에 대해 하는 말씀을 통해 풍성하게 열매 맺는 삶을 꿈꾸게 해 달라고 기도합시다."
- "당신은 당신의 시간과 관심을 쏟음으로써 회중 가운데 누구에게 유익을 줄 수 있겠습니까?"

그리스도인의 제자화에 우선순위를 두고 이에 대해 멤버들을 가르치라. 그럼으로써 성경에서 가르치는 제자화를 멤버들이 개인적으로 더욱 확신하게 하라.

목사는 제자화의 본보기가 되어야 한다. 교회 멤버들이 제자화에 우선순위를 두기를 기대한다면 먼저 당신이 본을 보여야 한다. 즉 당신은 회중에 속한 남성들에게 모범을 보임으로써 그들이 경건한 남편으로, 경건한 아버지로, 그리고 경건한 직업인으로 살도록 그들을 개인적으로 제자화시켜야 한다. 그리고 그들은 자신들도 똑같이 제자화를 실천하며 살아야 한다는 것을 깨달아야 한다. 목사의 아내와 다른 경건한 여성 신자들도 이와 마찬가지로 제자화의 본보기가 되어야 한다.

직접 본이 되는 것보다 더 효과적일 수도 있는 방법이 존재한다. 그것은 목사가 제자화의 본보기를 제시하는 것이다. 제자화 교육에서 제시할 본보기로서 매트와 라이언의 관계와 같은 좋은 사례를 찾아보라. 전기 기술자 매트는 대학생 라이언을 매주 화요일 아침마다 만났다. 라이언은 매트의 집을 방문해 함께 성경공부와 기도를 하고 커피를 마셨다. 라이언은 새신자여서 그리스도인의 삶이 어떤 것인지 잘 알지 못했다. 매트는 이전에 누군가를 제자로 만들어 본 경험이 없어서 라이언과의 성경공부를 어떻게 인도해야 할지 불안감이 있었다.

그러던 어느 날 갑자기 제자화의 위력이 나타났다. 매트가 막 성경공부를 시작하려 하는데 그의 딸들이 소란을 피우며 떠들었다. 매트는 라이언에게 양해를 구하고 옆방으로 가서 딸들을 타일렀다. 매트는 라이언이 딸들을 타이르는 말을 듣고 깜짝 놀랐다. 매트가 자리로 돌아왔을 때, 라이언이 말했다. "오늘 어떤 공부를 하게 될지는 모르겠지만, 방금 선생님께서 딸들을 훈육하는 모습은 제게 아주 값진 교훈이 되었습니다." 라이언은 평생 자기 아버지의 고함치는 소리를 들으며 끔찍한 가정 환경에서 자랐다. 자애로운 자녀 훈육은 그가 한 번도 본 적 없는 모습이었다. 라이언은 매트의 그리스도인다운 일상을 지켜보면서 성경적인 자녀 교육의 단면을 보았다. 제자는 가르침을 통해 길러지지만, 삶에서 실천하는 신앙을 목격하는 일도 있어야 한다.

사람들은 주변에서 제자화가 실제로 실행되는 것을 목도하면서 제자화하는 삶에 대한 도전을 받아야 한다. 매트는 몇 년 동안 헌신적으로 라이언을 제자로 세운 뒤, 그에게 다른 사람을 제자로 세우라고 격려했다. 라이언이 매트의 헌신을 통해 제자로 세워졌다면 이제는 그가 다른 사람을 위해 헌신해야 한다. 예수님은 열두 명으로 시작하셨다. 그 열두 명이 나가서 더 많은 제자들을 세웠고, 그 제자들이 또 나가서 더 많은 제자들을 세웠듯이, 우리도 제자를 세우는 그리스도인들이 되어야 한다. 열두 사도는 우리가 본받을 본보기를 세웠다.

설교에서 예를 들어 제자화에 대해 가르칠 때, 사람에게 영광을 돌리거나 성공에만 초점을 맞추는 일은 피해야 한다. 성도들은 그들이 수고하는 중에 실패할 수도 있다. 하지만 그 모든 과정 속에서 하나님이 높임을 받으신다는 것을 알아야 한다.

그 밖에도 목사는 제자화에 대한 좋은 책을 추천하고 나눠주기, 제자화와 관련된 간증 시간 갖기, 교회 내에서 제자 양육이 이루어지는 멘토링 관계들을 위해 정기적으로 기도하기 등 여러 가지 방법을 사용하여 제자화를 공적으로 격려할 수 있다.

서로 연결되기

당신이 주지시켜야 할 세 번째 기대는 교회 멤버들이 서로서로 연결되는 것이다. 사실 교회 멤버들이 서로 만나야 제자화가 일어날 수 있다. 이 말의 의미는 다음과 같다. 교회 멤버들이 자발적으로 서로 간에 제자화 관계를 시도함으로써 결과적으로 회중 안에 제자화가 일어나는 것이 가장 이상적인 제자화다. 한 멤버가 교회 공동체에 헌신하고, 어떻게 제자를 세울지 방법적인 면에서 구비된 후, 회중 가운데 다른 멤버에게 다가간다. 멤버들이 기도하면서 서로를 돌아보면 하나님께서 이러한 제자화 관계들로 인도하실 것이다.

목사는 성도들에게 실제로 다른 사람들과 만나 연결되는 일의 중요성을 종종 상기시켜주어야 할 것이다. 신학적 기초를 다지는 것만으로는 충분하지 않다. 그들에게 적극적으로 그 기초 위에 쌓아 올리라고 촉구해야 한다. 어떤 멤버들은 원래 적극적인 성향을 갖고 있고, 어떤 이들은 다소 신중한 편이다. 각자의 성향에 맞게 독려하라.

그러나 이 모든 관계가 멤버 주도로 시작되지는 않는다. 목사는 정기적으로 필요를 가진 이들을 다른 이들과 연결해주어야 한다. 재정적인 문제로 고민하는 사람이 있을 경우, 교회 안에 특별히 재정 관리에 능한 사람을 연결해줄 수 있다. 자녀를 잃고 슬픔에 잠긴 부부의 경우, 동일한 슬픔을 극복한 부부를 연결해줄 수 있다. 음란물 중독으로 괴로워하는 남자 성도가 있다면, 회중 가운데 성적으로 성결한 삶을 사는 남자 성도를 연결해줄 수 있다. 기본적으로 당신은 지혜가 필요한 사람을 그 문제에 대해 하나님의 말씀에서 답을 찾을 수 있는 사람과 연결해준다.

목사가 제자화 문화 함양에 애써 왔다면 교회 멤버에게 어려움에 빠진 다른 멤버를 만나보라고 연결하는 일이 그다지 부담스럽지 않을 것이다. 목사는 행동 계획과 기간을 정하는 일과 목회적 통찰을 유지하는 방법에 대해 도와주어야 한다. 그렇게 하면 멤버들은 문제로 씨름하는 성도를 돕는 일에 한층 확신을 갖고 참여하게 될 것이다. 그러나 결과는 멤버들에게 달려 있다.

제자화와 상담은 무슨 관련이 있는가

이 시점에서 당신은 이 책의 제목을 다시 확인할지도 모르겠다. 《목사와 상담》이라고? 이 장에서 다루는 제자화가 상담과 무슨 관계가 있단 말인가?

당신 교회의 일반적인 멤버에게 다른 성도를 제자로 세우라고 요청하면, 그는 아마 그 사람과 함께 성경을 읽고, 기도하고, 솔직하게 서로의 삶을 나누는 것에 대해 생각할 수 있을 것이다. 그런데 같은 멤버에게 이번에는, 자살 충동을 지닌 사람과 대화하는 것, 간통을 저지른 여자가 수치심을 극복하도록 돕는 것, 섭식 장애를 가진 사람의 강박적인 생각 유형을 주의 깊게 살피는 것에 대해 요청한다면, 그 멤버의 자신감은 현저하게 낮아질 것이다.

일반적인 그리스도인은 동료 멤버의 삶에 발생한 까다롭고 복잡한 문제에 대해 들으면 아마 뒷걸음질을 칠 것이다. 대부분의 그리스도인은 조금이라도 까다로운 문제가 생기면 목사나 상담사 같은 전문가만이 그 문제를 처리할 수 있다고 단정한다. 물론 경험이 더 많은 사람은 특별히 어려운 문제를 겪고 있는 사람들에게 도움이 될 수 있다. 하지만 그렇다고 해서 일반적인 그리스도인이 쓸모없다는 뜻은 아니다.

모든 그리스도인은 동료 그리스도인이 정말 까다로운 문제를 갖고 있는 상황일지라도 그에게 도움을 줄 수 있다. 성령의 검(엡 6:17), 그리스도의 사랑(갈 5:6), 기꺼이 섬기려는 의지(막 10:43-45)를 지닌 그리스도인이 선을 행하는 것을 막을 수 있는 것은 아무것도 없다. 하나님은 그분의 말씀을 주셔서 해 아래에서 발생하는 모든 상황에 적합하게 반응하는 지혜를 공급하신다. 이 지혜는 구하는 모든 사람이 사용할 수 있는데, 그리스도인은 언제든지 지혜를 구할 수 있다.

제자를 세우는 상황에서 지혜를 구하는 것은 사실 상담하는 상황에서 지혜를 구하는 것과 별로 다르지 않다. 우리가 앞서 설명한 일반적인 단계를 그대로 따른다. 하나님의 지혜를 구하는 것은 분별하는 귀로 듣기, 마음의 반응에 대해 생각하기, 사랑으로 성경의 진리를 말하기 등의 단계로 구성된다. 상담은 더 깊이 탐구하고 더 형식을 갖추고 문제에 더 초점을 맞춘 전문적인 활동일 뿐이다.

목사여, 당신의 상담에 도움을 원한다면 기본적으로 당신의 교회 내에 제자화 문화를 구축하는 것에서부터 시작하라. 교회 멤버들이 서로의 영적인 유익을 위해 헌신하는 자들로 성장하면 그들은 서로의 영적 성장을 돕는 도구인 상담에 더 깊은 관심을 갖게 될 것이다. 제자 삼는 일에 관심을 갖는 멤버들이 더 많아지면 그들을 말씀으로 상담할 수 있게끔 구비시킴으로써 복잡한 문제로 고민하는 몇 몇 사람들을 돕게 할 수도 있을 것이다.

앞으로 10년 동안 당신 혼자서 상담을 도맡고 싶지 않다면 당신의 교회 내에 상담 사역이 구축되게 해달라고 기도하라. 어떻게 해야 멤버들을 어려운 문제들에 대응가능할 정도로 구비시킬 수 있을지 고민하라. 평신도 상담 사역을 구축하는 방법에 관한 자료를 찾아 읽으라. 이미 이런 사역을 교회 내에 구축한 다른 목사들에게 물어보라.

교회 멤버들을 훈련시키는 데 의도적으로 투자하라. 그러면 그들이 두려움을 떨쳐내고 확신을 갖고 사역하는 데 도움이 될 수 있다. 목사는 공적인 교육과 사적인 소그룹 지도를 통해 상담의 기본 개념을 심어줄 수 있다. 당신이 이렇게 생각할지도 모르겠다. '나는 상담을 할 시간도 거의 없는데, 어떻게 상담에 대해 글을 쓰고 다른 사람들을 가르치라는 말인가?' 다행히도 지난 몇 년간 존 헨더슨의 《상담을 위해 구비되기 : 성경적 상담을 위한 훈련 과정》*Equipped to Counsel: A Training Program in Biblical Counseling*을 비롯한 여러 출판물들, CCEF의 소그룹 교재들(티모시 레인과 폴 트립의 《사람은 어떻게 변화하는가》*How People Change*, 폴 트립의 《치유와 회복의 동반자》*Instruments in the Redeemer's Hands* 등)처럼 형식을 갖춘 교재들이 다수 출간되었다. 이 교재들은 대부분 활용하고 이해하기 쉽게 되어 있는 교재들이다. 회중 가운데 성숙한 성도 몇 사람이 다른 성도들을 가르치기 위한 분명한 목적을 가지고 성경적인 상담 교육 과정을 공부하게 하라.

그러나 멤버들에게 상담 훈련만 시키지 말라. 회중이 어려운 문제를 상담하는 방법을 터득하게 하려면 그들에게 직접 상담의 본보기를 보여주는 것이 가장 좋은 방법이다. 예를 들어 당신이 존을 상담하고 있다면 그의 소그룹 리더나 그가 신뢰하는 친구를 (존이 허락한다는 전제 하에) 상담에 참관시키라. 이런 식으로 당신은 존을 돌보면서, 동시에 다른 이들을 구비시키게 된다. 그들은 당신이 어떤 질문을 하는지 듣고, 당신의 태도와 적극적인 듣기 요령을 관찰하고, 존의 문제에 대해 직접적인 정보를 얻게 된다. 상담 시간이 끝나면 당신은 그들과 함께 남은 한 주 동안 존을 도울 방법에 대해 궁리해볼 수 있다.

목사여, 상담을 혼자 도맡아 하지 말라. 가족, 친구, 교회 동료 멤버 등을 상담 시간에 참관하게 하면, 상담 사역을 위해 그들을 구비시키는 첫걸음이 될 수 있다. 상담실에 다른 멤버를 참관하게 하는 것을 우선순위로 두라. 피상담자가 자기 문제가 다른 사람에게 공개되는 것을 불편해한다면 이를 제자화의 개념을 심어주는 기회로 삼을 수 있다. 즉 이 기회를 이용해서 그에게 도움을 구하는 겸손함에 대해, 그의 마음을 분별하는 일을 돕는 다른 사람의 필요성에 대해 가르치라(히 3:12-13). 이미 피상담자의 문제를 어느 정도 알고 있어서 상담에 참관시키면 좋을 사람이 있는지 생각해보게 하라. 그런 사람이 없다면 어떤 신뢰할 만한 사람(다른 교회의 지도자나 성숙한 그리스도인)이 있는가? 상담 참관은 피상담자와 상담 훈련을 받는 자 모두에게 유익이 있다.

그럼에도 피상담자가 여전히 주저할 경우 목사는 상담 참관을 강요해서는 안 된다. 아직 마음의 준비가 되어 있지 않은 것이다.

결코 혼자서 수고하지 말라

목사여, 교회 멤버들의 상담이 너무 많아서 압도되는데 출구가 보이지 않는다면, 제자화 문화는 큰 도움이 될 수 있다.

제자화 문화를 구축한다고 해서 교회의 문화가 하루아침에 바뀌지 않는다는 점을 잊지 말라. 당신은 멀리 보아야 한다. 변화는 언제나 점진적이며 절대로 모든 사람에게 동일하게 일어나지 않는다. 어떤 이들은 제자화 문화를 받아들이고 더욱 갈망하는 한편, 어떤 이들은 별로 열의를 보이지 않을 것이다. 받아들이는 쪽을 보면서 너무 흥분하지 말고, 받아들이지 않는 쪽을 보면서 너무 낙담하지 말라. 위에서 언급한 대로 회중 안에 제자 삼는 의무에 대한 올바른 인식을 가져오기 위한 간단한 목표들을 설정하고, 상담 사역을 수행할 사람들을 준비시키기 위한 몇 가지 단계를 밟으라. 당신이 현재 실천할 수 있는 합리적인 단계에 집중하도록 하고, 차차 다음 단계로 나아가도록 하라.

상담이라는 짐이 너무 무거운가? 당신은 정확하게 감지하고 있는 것이다. 하지만 너무 낙담하지 말고 의지하라. 구체적으로 말하면, 하나님이 신약성경에서 그분의 백성들에게 주시기로 한 것(온 교회가 사랑으로 진리를 말하는 것)을 의지하라. 결코 혼자서 수고하지 말라.

성숙한 성도들에게 다가가는 일부터 시작하라.

결국 우리는 하나님이 공급하시는 힘으로 수고할 뿐이다. 왜 그런가? 모든 일에서 예수 그리스도를 통해 하나님이 영광 받으시게 하기 위함이다. 우리는 하나님의 영광을 위해 힘써야 한다. 예수님에게서 "내 양을 치라"는 말씀을 세 번 들은 사도 베드로도 우리에게 이 사실을 상기시킨다. 사실 베드로가 우리에게 하는 말은 우리가 힘써 추구하는 제자화 문화를 멋지게 간추려 설명한다.

"무엇보다도 뜨겁게 서로 사랑할지니 사랑은 허다한 죄를 덮느니라 서로 대접하기를 원망 없이 하고 각각 은사를 받은 대로 하나님의 여러 가지 은혜를 맡은 선한 청지기 같이 서로 봉사하라 만일 누가 말하려면 하나님의 말씀을 하는 것 같이 하고 누가 봉사하려면 하나님이 공급하시는 힘으로 하는 것 같이 하라 이는 범사에 예수 그리스도로 말미암아 하나님이 영광을 받으시게 하려 함이니 그에게 영광과 권능이 세세에 무궁하도록 있느니라 아멘"(벧전 4:8-11).

8장
지혜롭게 수고하기 :
외부 자원 적절하게 활용하기

앞 장에서는 개인적인 상담 과정으로부터 시야를 넓혀서 교회 전체라는 더 큰 맥락을 바라보았다. 우리는 회중 안에 제자화 문화를 형성하는 것과 당신과 함께 수고할 사람을 세우는 것에 대해 생각해보았다. 이번 장에서는 시야를 더욱 넓혀 교회 밖의 자원들을 활용하는 방법에 대해 고찰해보고자 한다. 이용가능한 자원들 중에는 매우 유용한 자원도 있고, 별로 유용하지 않은 자원도 있을 것이며, 유용한 자원이라도 지혜롭게 사용할 줄 알아야 한다.

우리는 목양의 수고 가운데 상담이 중요한 부분이라는 사실을 최선을 다해 역설했다. 예수님이 그분의 양을 치라고 당신을 부르신 것은 그 양들과 함께 복잡하고 때로는 추하기도 한 문제들을 헤쳐나가며 함께 걸으라는 뜻이다. 그런데 인간의 문제는 몹시 복잡하고, 목사는 시간적으로나 경험적으로 한계가 있다. 따라서 경우에 따라 외부의 도움이 필요하다. 외부의 도움이 필요할 수 있음을 나타내는 징후들을 몇 가지 소개하면 다음과 같다.

당신 혼자 사역을 하고 이미 한계치를 넘었다. 당신이 혼자 사역하는 교회는 건강하지 않은 교회이다. 당신의 회중은 제자화를 진지하게 받아들이지 않는다. 그래서 문제가 발생하면 당신은 기본적으로 혼자 떠맡게 된다. 당신을 위해 기도하는 당신의 아내를 제외하면 정말이지 아무도 손을 내밀려 하지 않는다.

당신은 최선을 다했지만 큰 효과가 없었다. 당신은 몇 달 동안 어떤 멤버의 뿌리깊은 문제를 가지고 씨름했다. 다소 진전이 있기는 했지만 전반적인 문제는 크게 달라지지 않았다. 당신은 그 사람을 위해 시간을 쏟았고 지금도 여전히 헌신하고 있지만, 당신의 통찰력은 이미 한계에 도달하였고 변함없이 지속되는 문제에 더 이상 도움을 주기가 어렵다.

추가적인 의학적 도움이 필요하다고 느껴진다. 처음부터 피상담자가 정기적으로 의학적 조언을 받게 해야 하지만, 때로는 종종 통제가 불가능한 정도의 기이한 행동이나 침투적 사고 양상, 극단적인 감정적 반응을 보일 수 있다. 피상담자가 이러한 상태에 처한 경우, 그것은 그들이 의사에게 추가적인 진단을 받을 필요를 암시하는 징후일 수 있다.

치명적인 위해로부터 사람들을 보호하기 위해 반드시 정보 공개가 필요하다. 어떤 사람이 자살, 살인, 아동이나 노인 학대 등을 저지르겠다고 위협한 경우에는 즉시 당국에 신고해야 한다. 학대가 벌어졌다는 합리적인 의심이 들거나 피상담자가 그 사실을 직접 인정했다면 이 역시 신고해야 한다. 지자체에서 제공하는 아동 보호 서비스뿐 아니라 관련법에 대해서도 잘 알아 두라. 피상담자와의 상담을 처음 시작할 때, 당신이 이러한 일을 외부 기관에 공개해야 한다는 사실을 그로 하여금 인지하게 하라. 기관에 신고한다고 해서 당신이 신뢰할 수 없는 목사인 것을 의미하지 않으며, 당신은 이에 대해 두 가지 간단한 사실을 들어 설명할 수 있다. 첫째, 목사는 유죄나 무죄를 선고할 법적 권리가 없다. 둘째, 어떤 상황이 발생하든 당신은 계속해서 그들의 영적인 필요를 위해 헌신적으로 목양할 것이다.

목회 사역을 하다 보면 이런 유형의 상황들이 모두 발생할 것이다. 문제의 유형에 따라 도움을 구할 수 있는 지역사회 기관 및 전문가들을 미리 파악해두라. 그러면 만약의 상황에 대비할 수 있다. 이번 장에서는 당신의 교회가 어떤 지역사회에 위치하든 간에 적용할 수 있는 몇 가지 간단한 기준을 제시하겠다.

일반적으로 당신의 지역사회에서 찾을 수 있는 상담 자원은 (1) 교회 또는 파라처치parachurch 상담 (2) 전문 기독교상담사 (3) 의학적, 정신적 치료로 분류된다. 각 자원은 정기적 상담이나 수용 치료의 형태를 띨 수 있다. 정기적 상담은 일정 기간 동안 상담사나 의사에게 정기적으로 치료를 받는 유형이다. 수용 치료는 한층 강도가 높은 치료 유형으로서, 집이 아닌 시설에 수용되어 상담사나 의사의 치료를 받게 된다.

외부 자원에 대하여

외부 위탁에 대해 논의할 때, 우리는 그 의미에 신중하게 접근하고자 한다. "위탁"이라는 말은 당신이 피상담자를 더 이상 돌보지 않고 다른 사람의 손에 넘긴다는 뜻이 아니다. 당신은 그 사람의 목사이고 그의 영혼을 돌보는 일로 부름받았다. 당신은 그가 외부 자원에서 상담받는 내용을 곰곰이 생각하도록 도우면서 그의 영혼을 지속적으로 보살핀다. 그의 목자로서 당신의 주요 목표는 그가 예수 그리스도만이 참된 마음의 변화를 가져오시는 분임을 알고 붙잡는 것이다.

분명히 할 것은, 목사들이 직접 외부 자원들을 감독하라는 말이 아니다. 외부 자원은 당신의 권한 밖에 있고, 그 나름대로의 방식과 절차에 따라 기능한다. 당신이 할 일은, 피상담자가 성경적인 관점을 갖고 외부에서 지도받는 내용을 분별하면서 받아들이도록 도와주는 일이다. 그렇게 하면, 그들은 외부 자원을 계속해서 이용할지 여부를 스스로 결정할 수 있을 것이다.

교회 또는 파라처치 상담

지역사회에서 견고하고 성경적인 상담에 대해 알아보는 첫 걸음은 당신의 지역 내에서 복음 전파와 성경 말씀에 기반을 둔 다른 교회들을 찾는 것이다. 그러한 교회들은 그 사역의 일환으로 상담 서비스를 제공하거나, 이미 그들의 숙제를 마치고 지역 내에서 신뢰할 만한 상담사를 찾았을 것이다. 그러므로 당신의 지역사회에서 몇몇 건전한 다른 교회들을 찾아보고, 그들이 활용하는 전문 상담사가 있는지 물어보라. 그들에게서 추천받은 상담사들을 활용하면서 당신의 교회를 위한 목록을 만들어 나가라.

주변의 건전한 교회들이 아직 상담사를 찾지 못했다면 당신이 직접 알아보아야 한다. 당신의 신학과 목양 철학에 맞는 상담사를 찾기가 아마 쉽지 않을 것이다. 상담사를 찾는 데에는 다음과 같은 몇 가지 기준이 있다.

첫째, 무엇보다도 하나님의 말씀을 알고 말씀의 능력을 삶의 문제에 연결시킬 줄 아는 그리스도인을 찾아야 한다. 그가 상담에서 성경 말씀을 정규적이고 권위 있는 원천으로 사용하는가? 당신의 교회 멤버 중에도 외부에서 상담을 받았는데 상담사가 문제는 깊이 분석했지만 정작 제시받은 조언과 전략이 성경 말씀과 연관되지 않았던 경험을 한 사람이 있을 것이다. 상담사가 성경을 알고 신뢰하는 사람이라면 그는 당신의 멤버에게 성경적인 방식으로 조언을 할 것이다.

둘째, 다정하고 친절하며 신뢰할 만한 상담사를 구해야 한다. 말투가 중요하다. 물론 단호하면서 애정어린 질책이 필요할 때가 있다. 그러나 질책은 상담사가 피상담자의 신뢰를 얻은 다음에 이루어지는 것이 가장 좋다. 신뢰를 얻는 필수 단계는 예수님과 같이 오래 참는 온유한 심령을 갖고 상처 입은 이를 친절하게 대하는 것이다. 전반적으로 상담사는 다가가기 쉽고 삶의 문제에 대해 자애로운 태도를 취하는 사람이어야 한다. 상담사가 겉보기에 성경을 잘 아는 사람이라고 하더라도 그의 태도가 성경에서 말하는 태도(벧전 3:8)와 다르다면 그에게 당신의 멤버를 맡기지 말라.

셋째, 복잡하게 꼬인 문제를 오래 참으며 인내할 수 있는 상담사가 필요하다. 오래참음은 어디에나 필요한 덕목이지만 상담에 있어서는 특히 중요하다. 변화가 천천히 나타나기 때문이다. 일반적으로 문제는 단번에 개선되기보다 조금씩 진전된다. 상담사는 피상담자를 몇 달 또는 몇 년 동안 도와주어야 할 수도 있기 때문에, 성급하지 않은 적절한 기대를 갖고 하나님의 때를 기다리며 일하겠다는 자세를 지니는 것이 중요하다.

마지막으로 문제를 다룰 능력이 있는 상담사를 구해야 한다. 당신의 멤버를 형편없는 상담사에게 맡기느니 차라리 상담사가 없는 편이 낫다. 무능한 상담사는 피상담자에게 비현실적인 기대를 갖게 하거나 자기중심적인 관점을 주입시킴으로써 문제를 급속도로 악화시킬 수 있다. 성경을 손에 든 상담사라고 해서 충분하지 않다. 상황에 맞는 지혜를 발휘할 수 있어야 한다. 즉, 상담사는 인간의 미묘한 반응 차이를 인식하고 성경의 진리에 맞는 반응이 어떤 것인지 이해하는 사람이어야 한다. 삶의 복잡한 문제를 다룰 능력을 갖춘 상담사가 아니라면, 한 가지 문제에 특화된 상담사는 굳이 필요하지 않다.

위와 같은 자격을 갖춘 상담사를 찾았다 해도 그 상담사는 피상담자를 제한적으로 도울 수 있을 뿐이라는 사실을 기억하라. 당신은 피상담자와 지속적으로 연락하면서, 그가 받는 외부 상담이 성경에서 약속한 은혜와 거룩한 삶에 대한 기대에 일치하는지 확인해야 한다. 당신이 지속적으로 외부 상담과 발맞추어 사역할 수 있는 몇 가지 실용적인 방법을 소개한다.

- 멤버의 상담 시간에 참관하라. 당신이 어떤 멤버가 가진 문제에 맞닥뜨릴 준비가 되지 않았다면, 그 문제에 대처하는 방법을 익히기 위한 가장 좋은 방법은 다른 상담사가 그 문제를 다루는 방식을 관찰하는 것이다.
- 그 멤버에게 매 상담 시간의 상담 내용을 간단히 요약해 이메일로 보내달라고 하라. 이를 통해 당신은 멤버의 진전 상황을 확인하고 상담사의 신학과 방법론을 확인할 수 있다.
- 상담사와 면담을 가질 수 있는지 물어보라. 이 면담을 통해 당신은 상담사에 대해 확인하고 상황의 추이를 점검할 수 있다. 유익한 상담사라면 목사와 뜻을 함께 하고, 교회가 지혜롭게 처신하면서 그 멤버를 사랑할 수 있도록 조언해줄 것이다. 상담사가 면담을 꺼려하거나 피한다면 외부 위탁처 목록에서 그를 지워 버리라.

전문 기독교상담사

전문 기독교상담사를 고를 때에도 건강한 교회나 파라처치 상담사를 고르는 기준을 똑같이 적용한다. 전문 기독교상담사는 그리스도인다운 상담을 해야 한다. "그리스도인"이라는 용어는 단순한 상표가 아니다. 상담사의 상담 내용과 도움의 성격을 규정하는 특징이어야 한다.

주의할 점은 전문 기독교상담사가 인간의 문제에 대한 성경적인 토대가 빈약한 경우 비그리스도인 심리 치료사보다 더욱 배제되어야 한다는 것이다. 후자의 경우는 적어도 경계가 분명하지만, 전자는 애매모호하다. 전문 기독교상담사가 비성경적인 치료 모델에 근거해 조언을 하면 성경에서 비롯된 내용과 대체 모델에서 비롯된 내용을 구별하기가 어렵다.

한 가지 예를 들어 보겠다. 전문 기독교상담사와 그리스도인이 아닌 전문 상담사가 당신의 멤버에게, 아내에게 화가 날 때마다 침실로 가서 베개를 치라는 조언을 했다고 하자. 적절해 보이는 조언이다. 확실히 아내를 구타하는 것보다 나은 방법이고, 베개는 교체가 가능하다. 전문 기독교상담사가 이런 조언을 했다면 당신의 멤버는 그 말에 성경적인 근거가 있다고 가정할 수도 있다. 어쨌든 베개를 거칠게 두드리는 것은 이웃 사랑이 없거나 하나님을 모독하는 행위와는 같지 않기 때문이다. 전문 기독교상담사는 베개 치기 조언을 하면서 논지를 강화하기 위해 성경 말씀을 인용했을 수도 있다. 예컨대 예수님이 성전에서 돈 바꾸는 자들을 치는 대신 그들의 책상을 뒤엎으시면서 분노를 적절한 방식으로 표출하셨다는 식으로 말이다. 그런 인용이 그 멤버에게는 꽤 성경적으로 들렸을 수도 있다. 그러나 이 조언은 인간에 대한 잘못된 이해에서 출발한다. 부정적인 충동이라도 그 충동이 안전한 대상을 향하기만 한다면 표출

되어도 좋다고 본 것이다. 이런 식의 추론은 비성경적인 인간관을 합리화하려는 애석한 시도일 뿐이다. 사도 바울이 이 조언을 들었다면 "육체의 일"인 "분냄"을 만족시키는 방법일 뿐이라고 비웃었을 것이다(갈 5:19-20).

그리스도인이 아닌 심리 치료사의 경우, 적어도 비성경적인 인간관이 분명하게 드러난다. 이런 관점에서 비롯된 상담은 실용적인 통찰을 할 수 있지만 한계가 분명하다. 심리 치료사는 강박 관념을 조절하기 위한 정신적 전략을 알려주거나, 파괴적인 정서 반응 유형을 드러내거나, 특정한 문제에 맞는 소통 전략을 제시할 수 있고, 이런 방법들이 실제로 유용할 수 있다. 그러나 이 모든 방법들은 삶의 모습을 형성하는 성경의 지혜에는 미치지 못한다. 따라서 특정 문제의 전문가들이 당신의 멤버에게 유용할 수 있지만, 그들의 상담은 그보다 넓은 성경적 세계관에 종속되어야 한다.

예를 들어, 외상 후 스트레스 장애 치료를 전문으로 하는 심리 치료사는 참전 군인이 겪는 일반적인 경험에 대해 잘 알 것이고 행동에서 나타나는 위험 신호를 구별할 수 있다. 그러나 그 심리 치료사는 신학적 관점에서 두려움의 시작점, 타락한 세상에 존재하는 위험의 실재, 새 창조에 대한 소망 등에 대해서는 설명할 수 없다. 수면 장애, 뚜렛 증후군, 불임 문제, 유년기 트라우마 등의 문제를 전담하는 심리 치료사들도 마찬가지다.

목사여, 당신의 역할은 심리 치료사처럼 주어진 환경에서 관찰 가능한 역학 관계를 분석하는 것이 아니라, 어떤 상황에 처하든지 하나님을 믿는 믿음으로 반응하는 방법을 알려주는 것이다. 믿음으로 반응하는 지혜는 오직 하나님의 말씀에서 나온다. 따라서 당신의 멤버가 어떤 이유로든 세상의 전문 상담사를 만나는 경우, 그 상담사가 목사의 성경적인 인도를 대체하였다고 생각하게 하지 말라.

의학적, 정신적 치료

하나님은 우리를 영과 육으로 지으셨고, 우리의 본성을 이루는 이 영과 육은 서로 신비롭고 놀라운 방법으로 연결되어 있다. 하나님은 이 설계를 선하다고 선포하셨지만 죄는 우리의 영과 육 모두를 부패하게 했다. 타락한 인간은 영적으로 치우쳐 죄를 좇을 뿐 아니라 몸도 쇠퇴하게 되었다. 질병은 근육과 심장 혈관계부터 내분비선과 신경계에 이르기까지 육체의 모든 부분을 망가뜨린다. 우리는 영에 속했을 뿐 아니라 육에도 종속되어 있다. 따라서 목사는 언제나 정기적인 의학적 관리를 장려해야 한다.

교회 멤버들을 돌보다 보면 한층 정밀한 치료를 받아야 할 멤버가 종종 있다. 상담을 하는 중에 피상담자에게서 생리학적으로 복잡한 요소, 예를 들어 기이하거나 예측불가한 행동, 극심한 감정 기복, 감각을 침범하는 환각 같은 현상이 있음을 알게 되는 경우이다.

목사가 멤버에게 의사를 만나보라고 권하는 것이 영적 게으름을 조장하는 것인가? 그 사람의 문제를 의학적 치료만으로 해결할 수 있다고 생각하게 만든다면 그렇다. 의학적 치료만으로는 영혼의 문제를 해결할 수 없다. 전체적인 성경적 관점에서 볼 때 의학은 인간의 육을 돌보기 위한 하나의 도구일 뿐이며, 이 도구는 절대로 말씀을 통한 하나님과의 관계를 갉아먹는 용도로 사용되어서는 안 된다.

목사는 멤버가 의학적, 정신적 치료를 받는 것을 부끄러워하지 않는지 잘 살펴야 한다. 그러한 수치심은, 그의 연약함을 이해하시는 사랑의 하나님을 추구하지 못하게 방해할 수도 있다. 의학적 치료를 받으면서도 여전히 하나님을 신뢰하고 자신의 핵심적인 영적 문제를 이해하는 것을 추구할 수 있다고 그를 확신시키라. 인간은 영과 육의 신비한 결합으로 이루어졌고 그의 몸은 영과 마찬가지로 죄로 인해 부패한 상태라는 사실을 상기시키라. 몸에 이상이 생겨서 의학적 도움을 구하는 것은 타락한 세상에서 일어나는 정상적인 일이다. 의학적 치료가 더 깊은 문제로부터 도피하는 도피처가 될 수 있지만(어떤 피조물도 도피처가 될 수 있다), 의료가 꼭 그렇게 잘못된 방식으로 기능해야만 하는 것은 아니다. 의학적 치료를 구하는 것은 믿음의 실패가 아니다.

멤버가 의학적, 정신적 치료를 찾을 때 목사는 어떻게 그를 도울 수 있을까? 답은 적절한 의사를 찾게 하는 것이다. 당신에게 필요한 사항은 다음과 같다.

유능한 의사. 능력에는 최소한 두 가지가 포함된다. 바로 성실한 수고와 의학의 한계를 아는 지식이다. 전자에 대해 말하자면, 환자를 이해하기 위해 충분한 시간과 노력을 들이는 의사가 있는 반면 그렇지 않은 의사도 있다. 의사가 환자에게 얼마나 주의를 기울이는지를 가늠하는 좋은 방법은 진료 일정 간격을 알아보는 것이다. 어떤 개업의는 관리 의료와 할당량 충족의 압박으로 시간당 7~8명을 진찰한다. 그렇게 하면 그 의사는 환자 한 명당 7~9분씩 진료하게 된다. 이렇게 빠르게 진료하는 의사는 부주의한 진찰과 진단을 내릴 확률이 현저히 높다. 약을 처방하기 전에 환자가 지닌 문제의 병리학적 측면을 정확하게 이해하는 데 우선순위를 두는 의사를 찾아야 한다.

의학의 한계를 아는 의사란 문제의 의학적 측면에만 집중하고, 영적, 도덕적, 관계적 상담에는 관여하지 않는 의사다. 의료 전문가는 의학적 측면에서 유용한 조언을 제공할 수 있지만, 삶의 모습을 형성하는 지혜와 영적인 상담은 그들의 전문 영역 밖의 일이다.

굳건한 믿음과 의사로서의 능력을 지닌 의사는 교회의 영적 관리를 보완하는 데 있어 확실히 큰 유익을 줄 수 있다. 이런 의사를 찾는다면 그가 당신과 당신의 교회에 값진 선물이라는 사실을 깨달아야 한다.

기꺼이 목사와 소통하는 의사. 합당한 이유가 있는 경우에도 어떤 의사들은 환자의 담당 목사와 이야기하는 것을 불편해할 수 있다. 환자를 지지하는 데 있어 중요한 사람들과 기꺼이 소통하고자 하는 의사를 찾아야 한다. 즉 의사는 의학적 치료로 공급할 수 없는 근원적인 지혜와 지지의 중요성을 이해해야 한다.

결론

당신은 목사로서 당신의 교회 멤버들의 삶에 대해 영적 권위를 지니고 있다(겔 34장; 히 13:7; 벧전 5:1-4). 그러나 목회를 해본 사람이라면 자신의 목소리가 많은 목소리들 중 하나라는 사실을 잘 안다. 외부 자원 위탁 목록을 신중하게 작성하도록 하라. 교회 멤버들이 결정적인 순간에 지혜롭게 결정하도록 도와주고 분별하는 귀로 조언을 듣게끔 준비시키면, 당신은 나중에 복잡한 문제를 해결하는 수고를 덜 수 있다.

상담사나 의사가 당신의 목회 상담과 계속해서 충돌을 일으킨다면 문제 해결이 더욱 복잡해질 것이다. 상충하는 조언은 어려움에 처한 사람에게 도움이 되지 않는다. 상충하는 조언 때문에 멤버가 혼란과 고통을 겪게 된다면 그에게 다른 상담사나 의사를 찾아보라고 조언하는 것이 최선이다. 이런 조언을 할 때에는 관련된 모든 이에게 겸손하고 정중한 태도를 취해야 한다.

결론적으로, 당신의 멤버를 돌보는 다른 이가 그리스도인이든 아니든 간에, 당신은 그 멤버의 영혼에 대한 책임을 그에게 이양해서는 안 된다. 외부 위탁은 책임 이양이 아니라 문제에 초점을 둔 보완물로서, 당신이 멤버에게 주입시켜야 할 성경적인 인생관을 보충할 뿐이다. 이 과정이 언제나 명확하지는 않지만, 당신은 이 책에서 설명한 원칙을 가지고 성경적으로 잘 분별해 필요한 외부 자원을 지혜롭게 활용할 수 있을 것이다.

끝맺는 말
사랑의 수고

선한 목자는 열심히 일한다. 선한 목자는 하나님의 말씀이 그분의 백성에게 생명을 준다는 것을 믿기 때문에 개인 서재에서나 공적인 설교단에서 열심히 일한다. 그리고 그는 사무실, 거실, 동네 등 어디에 있든지 열심히 일한다. 하나님의 말씀에 능력이 있음을 잘 알기 때문이다.

하나님의 말씀은 삶의 문제를 놓고 씨름하는 이들에게 소망을 주지만, 사람들은 종종 말씀과 자신의 문제 간의 연관성을 잘 볼 수 있도록 도움을 받아야 한다. 목사가 전하는 성경 말씀은 힘들어 하는 사람에게 큰 유익을 줄 수 있다. 이 말은 물정을 모르거나 승리에 도취되어서 하는 말이 아니다. 목사는 어려움 가운데 있는 사람들이 마음을 열어 하나님의 은혜를 받고, 어떤 고난에 대해서든 그리스도를 믿는 믿음으로 반응하도록 도와줄 수 있다.

상담은 여러 형태의 말씀 사역 중 하나로서, 사람들이 그리스도의 복음을 전심으로 믿는 삶을 살아내도록 도와주는 도구다. 목사인 당신은 이 도구를 사용해 어려움을 겪는 사람에게 생명을 전해야 한다. 상담은 상처 입은 이들과 나란히 걸을 기회로서, 당신의 사역을 흐트러뜨리는 요인이 아니라 교회를 위한 당신의 수고의 필수적이고 유익한 부분이다.

상담 도중에 어떤 복잡한 문제로 씨름하든 간에, 목사인 당신이 그에게 말하기 위해 필요한 모든 것이 성경에 있다는 사실을 확신하기 바란다. 당신이 모든 사람의 모든 문제를 해결할 수는 없겠지만, 그리스도를 믿는 믿음으로 걷는 방법을 그들에게 보여줄 수는 있을 것이다.

우리의 임무는 하나님의 양들을 목양하는 위대하고 고귀한 임무를 당신에게 상기시키는 것이었다. 상담은 힘겨운 수고이지만 가치 있는 수고이다. 상담은 목자장이신 그리스도께서 당신에게 명하신 수고이다. 당신은 그리스도를 본받아 이 일을 수행해야 한다. 목자는 그의 양들을 사랑하고 그들을 위해 자신의 목숨을 버린다. 목사여, 당신은 어떠한가? 우리의 목자장과 같이 당신도 기꺼이 목숨을 버리겠는가?

부록 1

상담 프로세스에서 활용할 체크리스트

당신이 실제 상담을 준비할 때 도움을 주고자 이 체크리스트를 수록했다. 잊지 말라. 상담을 할 때 당신의 목표는 현재의 문제를 다루고, 그 문제와 복음의 연관성을 보여주고, 피상담자가 그리스도를 닮도록 돕는 것이다. 이 목표들을 위해 당신은 피상담자의 마음을 탐구하기 위한 방법을 상담 과정에서 사용할 것이다. 상담의 방법과 과정은 아래와 같다.

방법

[

목사

듣기
생각하기
말하기

] ➡ [

사람의 마음의 반응

상황에 대한
하나님에 대한
자기 자신에 대한
타인에 대한

]

프로세스

상담 프로세스는 위 방법을 통해 마음을 탐구하기 위한 틀이다.

첫 상담 전
- □ 인적사항 서식 보내기 또는 약식으로 문제에 대한 요약 서술 요청하기
- □ 첫 상담을 준비하기 위한 자원(책, 인적 자원 등) 활용하기
- □ 첫 상담을 위한 아래 목록에 따라 질문과 화제 준비하기

첫 상담
- □ 관계 형성하기
- □ 관심사 탐구하기
- □ 소망 제시하기
- □ 기대치 설정하기
- □ 예습 과제 부과하기

후속 상담
- □ 근황 파악하기
- □ 예습 과제에 대해 묻기
- □ 관심사 탐구 계속하기
- □ 구속적 치료 제공하기

마지막 상담

□ 상담의 주요 주제들 돌아보기

□ 정규적인 관리 계획하기

부록 2

기독교 상담이란 무엇인가

상담사를 구하기 위해 인터넷으로 알아보다 보면 정서집중치료[EFT], 인지행동치료[CBT], 변증법적 행동치료[DBT] 등 오늘날 기독교 시장에서 이용할 수 있는 상담 모델이 어마어마하게 많다. 현재 그리스도인들이 상담에 이용할 수 있는 모델은 족히 수십 가지는 된다.

이 부록은 의도적으로 간략하게 했다. 당신이 사역하는 교회의 상담 사역 방향을 결정하거나 지역사회의 전문 상담사의 상담 철학을 알아보는 데 도움이 되기 바라면서, 상담의 정의를 제시하고자 한다.

기독교 상담 또는 성경적인 상담은 기본적으로 말씀 사역이다. 이것은 그리스도인 상담사가 피상담자를 도와 그의 마음이 특정한 상황에서 하나님께 어떻게 반응하는지 이해하게 하며 그리스도 예수를 믿는 믿음이 그의 반응을 어떻게 변화시키는지 이해하게 하는 것이다.

풀어서 설명하자면, 기독교상담사는 인간이 바르게 기능하는 방식에 대해 하나님이 계시하신 뜻에 따라 한 사람의 생각과 신념, 욕구, 감정, 결정, 행동을 설명한다. 인간이 그리스도의 복음 안에서 믿음으로 그리스도와 바른 관계를 맺을 때, 그의 마음은 점차 변화되어 타인, 자기 자신, 상황에 대해 바른 관계를 맺게 된다. 하나님과의 바른 관계는 다른 모든 것과의 관계를 바르게 회복시킨다.

상담에는 삶의 복잡한 문제를 분석하는 기술과 지혜가 필요하다. 그러나 기독교 상담은 반드시 하나님에 대한 성경적인 관점과 인간에 대한 하나님의 뜻을 따르고, 그리스도가 변화의 수단이자 목표라는 사실을 이해한다. 기독교 상담에서는 인간의 문제가 매우 복잡하고 역동적으로 표출된다는 사실을 인정하는 한편, 교만, 음욕, 분노, 두려움, 증오, 복수심, 어리석음, 무지, 혼란, 고통 등의 오랜 성경적인 분류법을 당당하게 사용한다. 성경은 우리 입맛에 맞게 길들일 수 있는 책이 아니며 언제나 인간의 가장 깊은 본질과 밀접하게 연관되는 책으로서, 기독교 상담은 하나님의 지혜가 담긴 성경의 서술적인 형태를 따른다.

부록 3

인적사항 서식

본 서식의 디지털 문서 형식은 http://crossway.org/PCappendix
에서 무료로 이용할 수 있다(영문 서식을 의미함―편집주). 본 서식은 스
튜어트 스캇의 미출간된 교육 자료와 제이 E. 애덤스의《목회 상담
학》*Competent to Counsel: Introduction to Nouthetic Counseling*에 나오는 '개
인정보목록'의 일부를 개작하여 만들었다.

　서식의 내용은 다음과 같다.

이 서식은 원활한 상담을 위해 귀하의 정보를 요약하는 질문지입니다. 각
질문에 대해 깊이 생각한 후 정직하게 작성해주시기 바랍니다. 이 질문지
에 작성하신 정보는 상담을 위한 용도로만 신중하게 사용하겠습니다.

일반 정보

연락과 기본적인 정보 습득에 필요한 항목입니다.

이름 _____ 생년월일 _____

주소 _____

우편번호 _____

나이 _____ 성별 _____

결혼 유무 :　□ 미혼　　　□ 약혼　　　□ 기혼　　　□ 별거

　　　　　　□ 이혼　　　□ 사별

집 전화번호 _____ 직장 전화번호 _____

직장 _____

직급 _____

현재 직장 근속연수 _____

학력 _____

본인의 성격을 열 단어 내외로 설명해주십시오.

_____

_____

_____

결혼 및 가족

가족은 일상에서 가장 깊은 관계를 맺는 사람들입니다. 귀하의 상담에 필요한 기본적인 가족 관련 정보에 대해 문의하고자 합니다. 본 항목에서 질문하지 않은 사항이라도 반드시 언급할 내용이 있다면 작성해주십시오.

미혼일 경우 본인의 미혼 상태에 대한 생각에 대해 설명해주십시오.

_____

_____

_____

기혼이시라면 배우자에 대한 다음 항목을 작성해주십시오.

이름 _____

생년월일 _____   나이 _____

직업 _____   근무연수 _____

집 전화번호 _____   직장 전화번호 _____

결혼일자 _____   연애기간 _____

배우자와의 첫 만남과 연애에 대해 짧게 설명해주십시오.

_____

_____

_____

두 사람 중 누구라도 이전에 다른 사람과 결혼한 적이 있습니까? _____

자녀에 대해 작성해주십시오.

이름 _____

생년월일 _____   나이 _____

성별 _____   학력 _____

생존여부 _____   입양여부 _____

유년기

어린 시절의 경험이 성인이 된 뒤의 행동을 반드시 결정짓는 요소는 아니지만, 과거의 경험이 현재의 인생관에 영향을 미칠 수 있습니다. 따라서 귀하의 유년 시절 가족에 대한 정보를 알고자 합니다. 마찬가지로, 본 항목에서 질문하지 않은 사항이라도 반드시 언급할 내용이 있다면 작성해주십시오.

아버지와의 관계에 대해 설명해주십시오.

_____
_____
_____

어머니와의 관계에 대해 설명해주십시오.

_____
_____
_____

부모님 외에 다른 가족과도 함께 살았습니까? _____

해당될 경우 그 사람과의 관계에 대해서도 설명해주십시오.

_____

_____

_____

_____

형제와의 관계에 대해 설명해주십시오(형제 숫자 기입, 나이순으로).

_____

_____

_____

_____

성장하면서 귀하의 가족에게 있었던 중요한 사건에 대해 설명해주십시오.

_____

_____

_____

_____

건강

인간은 영과 육을 모두 지닌 존재이고, 우리의 몸은 삶에 중요한 역할을 하는 요소입니다. 상담사는 의학 전문가가 아니지만, 귀하의 건강 정보는 상담에 유용한 작용을 할 수 있습니다.

전반적인 건강 상태에 대해 설명해주십시오.

_____

만성적인 증상이나 심각한 질병, 상해, 장애가 있습니까?

_____

◎ 의학적 도움

의사의 이름 및 주소

_____
_____

마지막 진료일 _____

진료 결과 _____

정신과 의사나 심리학자의 진료를 받은 적이 있습니까? _____
해당되는 경우 세부 내용을 적어주십시오.

_____
_____

정신과 의사/심리학자의 이름 및 주소

_____
_____

마지막 상담일 _____

상담 결과 _____

상담사가 사회, 정신과 기록 및 의료 기록을 수집할 목적으로 하는 정보 유출에 동의할 의향이 있습니까?

_____

_____

약물 치료   투약량

_____   _____

_____   _____

_____   _____

_____   _____

의료 목적 외의 목적을 위해 약물을 사용한 적이 있습니까? _____

해당되는 경우 세부 내용을 적어주십시오.

_____

_____

◎ **약물 종류**   네/아니오   빈도수 및 투약량

알코올 음료?   _____   _____

카페인?   _____   _____

담배?   _____   _____

기타

경찰에 구속된 적이 있습니까? _____
해당되는 경우 세부 내용을 적어주십시오.

_____
_____

직장에서 인간관계 문제를 겪은 적이 있습니까? _____
해당되는 경우 세부 내용을 적어주십시오.

_____
_____

극심한 감정적 동요를 겪은 적이 있습니까? _____
해당되는 경우 세부 내용을 적어주십시오.

_____
_____

◎ 여성 한정 항목

귀하의 생활에 영향을 미치는 월경기 증후군이 있다면 적어주십시오(불안감, 울고 싶은 충동 등).

_____
_____

기혼일 경우, 남편이 귀하의 상담에 대해 협조적입니까? 남편도 상담에 참여할 의향이 있습니까?

_____
_____

집이 귀하에게 안전한 장소입니까?

_____

_____

◎ 어린이 한정 항목

본인의 문제에 대해 부모/양육자에게 얼마나 공개할 수 있습니까?

_____

_____

집이 본인에게 안전한 장소입니까?

_____

_____

◎ 영적 추구

모든 인간은 본성적으로 영적 존재이지만, 종교 생활 항목은 영성 활동에 대한 많은 정보를 제공할 수 있습니다. 아래의 질문들은 귀하가 일상생활에서 하나님을 추구하는 방법을 이해하기 위한 항목입니다.

출석하는 교회 _____

교회의 멤버입니까? _____

교회에 출석하기 시작한 연도는 언제입니까? _____

멤버로 등록한 연도는 언제입니까? _____

교회에서 예배 출석 외에 어떤 역할을 담당하고 있습니까?

_____

_____

과거에 어떤 교단이나 종교에 몸담은 적이 있습니까? 종교 생활에 있어 중요한 변화가 있었다면 설명해주십시오.

_____

_____

다음 중 예수 그리스도와 당신의 관계를 가장 잘 설명하는 문장은 무엇입니까? 해당되는 항목이 없을 경우 따로 작성해주십시오.

- ☐ 나는 예수 그리스도를 나의 주님이자 구원자로 믿고 따른다.

- ☐ 나는 예수 그리스도에 대해 관심을 갖고 있고 그리스도를 따르는 것에 대해 아직 배우는 중이다.

- ☐ 나는 한때 예수 그리스도를 따랐지만 이제는 그렇지 않다.

- ☐ 나는 예수 그리스도를 나의 주님이자 구원자로 믿고 따르는 일에 관심이 없다.

기도를 하신다면 기도 생활에 대해 적어주십시오.

_____

_____

성경을 얼마나 자주 읽습니까?

☐ 전혀 읽지 않음　　☐ 가끔　　☐ 자주　　☐ 날마다

하나님은 당신이 겪는 문제와 어떤 관련이 있습니까? 설명해주십시오.

_____

_____

◎ 문제 체크리스트

이 정도의 서식에 문제를 완전히 설명할 수는 없을 것입니다. 귀하의 문제에 대한 개략적인 그림을 파악하고 더 효율적으로 탐구하여 귀하를 돕고자 합니다. 본인의 문제가 아래 항목 중에 없을 경우 기타 항목에 작성해주십시오.

☐ 알코올 중독	☐ 우울증	☐ 자극/무감각
☐ 분노/공격성	☐ 욕구, 과다	☐ 집착, 강박
☐ 염려	☐ 마약 중독	☐ 육체적 고통, 만성
☐ 주의/집중	☐ 섭식 장애	☐ 자녀양육 문제
☐ 괴로움	☐ 피곤/피로	☐ 관계의 어려움
☐ 생활 방식 변화	☐ 두려움	☐ 동성 간 끌림
☐ 유년기 문제	☐ 재정적 문제	☐ 성기능 장애
☐ 의사소통	☐ 죄책감	☐ 성적 음욕/부정
☐ 갈등, 인간관계	☐ 불안감	☐ 불면
☐ 혼란	☐ 외로움	☐ 생각, 침습
☐ 의사 결정	☐ 언짢음	☐ 기타 _____

◎ 문제에 대한 개관

어떤 문제로 상담을 신청하게 되었는지 적어주십시오.

_____

_____

지금까지 문제를 어떻게 다루었습니까?

_____

_____

상담에서 기대하는 것은 무엇입니까?

_____

_____

추가로 작성하고 싶은 정보가 있습니까?

_____

_____

부록 4
필기 및 정보 정리를 위한 간단한 요령

미처 필기할 준비를 하지 못하고 상담을 하게 되는 경우가 많이 발생하지만, 필기는 확실히 이상적인 습관이다. 상담 중에 필기를 하는 것은 여러 가지 면에서 중요하다. 필기는 당신이 상담하는 여러 사람들의 상황을 혼동할 가능성을 줄여준다. 그리고 중요한 세부사항을 기억하는 데 도움이 된다. 또한 상담한 멤버의 상황을 회고하고 기도할 때 유용하다. 분석에 필요한 중요한 내용들을 기록한다. 또한 더 중요한 문제와 덜 중요한 문제를 식별하는 데에도 도움이 된다.

상담 내용 기록물은 법원에 증거로 제출될 수 있으므로 주관적인 의견을 배제하고 실제 정보만 적는 것이 가장 좋다. 예를 들어 "과거 자살 충동을 느꼈으나 현재는 자해 욕구가 없음"이라는 필기가 "과거 자살을 생각했고 어쩌면 자해 가능성이 있음"보다 낫다.

기도와 회고를 위해 상담 내용을 검토할 때 적절한 구성은 매우 큰 도움이 된다. 당신만의 필기 방식을 터득하면 필기한 내용을 파악하고 처음에 든 생각을 되새기는 과정이 점점 짧아지고 수고를 덜게 되면서 필기는 "보이지 않게" 된다. 몇 가지 실용적인 방법을 소개하자면 아래와 같다.

- 피상담자마다 각각 서류철을 준비하고, 상담 서류철은 다른 사람의 눈에 쉽게 띄지 않는 안전한 장소에 보관한다.
- 필기 형식은 자유지만 정돈되어 있어야 한다. 필기의 예시를 아래에 수록했다. 그러나 예시는 하나의 제안일 뿐이다. 상담사는 자기만의 필기 방식을 개발해야 한다.
- 상담 전에 위쪽 여백과 왼쪽 여백에 내용을 미리 적어둔다. 위에는 기본 정보, 왼쪽에는 당신이 탐구하고 싶은 주제나 피상담자와 공유하고 싶은 성경적 통찰을 기재한다.
- 상담이 종종 예상하지 않은 방향으로 진행되면서 꼭 당신의 계획대로 진행하지 않게 될 수 있다. 반면 대화 내용이 너무 곁길로 빠질 경우 필기는 좋은 길잡이가 된다.

위쪽 여백

위쪽 여백에는 이름, 상담 회차, 날짜 등 기본 정보를 적는다.

왼쪽 여백

왼쪽 여백에 당신이 탐구하려는 주제 또는 피상담자에게 할 질문을 적어 두라. 기억하라. 어떤 주제를 갖고 이야기하든 피상담자의 마음이 하나님, 타인, 자기 자신, 상황에 대해 반응하는 방식을 탐구할 수 있다.

당신의 필기에 성경 본문 해설이나 교훈을 짧게 요약해 둘 수도 있다. 성경을 펴고 피상담자에게 본문에 대한 관찰을 유도하는 질문을 하라.

여기에 당신이 부과할 예습 과제를 미리 적어 두어도 좋다.

주요 기재 부분

이 부분에 상담 내용을 필기한다. 반드시 문장으로 적을 필요는 없으며, 상담을 진행하면서 주요 어구들을 적으면 된다. 아래와 같이 기호를 사용하면 신속하게 필기할 수 있다.

(존), (수지)	상담을 받는 부부가 각자 이야기하는 내용을 구별한다. 이름 앞 글자를 쓰고 동그라미를 쳐 두면 화자를 구분하기 편리하다.
" "	따옴표는 피상담자의 말을 그대로 인용할 때 사용한다. 직접 인용이 아닌 내용은 요약해서 필기한다.
[ ]	대괄호 안에는 당신의 개인적인 의견을 적는다. 가끔 직감적으로 떠오르는 생각을 잊어버리지 않도록 적어 둔다. 피상담자의 말이 아닌 당신의 개인 의견을 대괄호로 구별해 둔다.

근황

1. 갈등 관계
- 다른 사람에게 어떻게 반응하는지 설명하시오.
- 다른 사람에게 무엇을 원하는가?
- 이 갈등이 얼마나 오래 지속되었는가?
- 다른 사람과도 유사한 갈등을 경험했는가?

2. 직장에서의 두려움(존)
- 직장에서 느끼는 걱정에 대해 설명하시오.
- 삶에서 가장 두려운 것은?
- 당신의 두려움은 가정에서 겪는 갈등과 어떻게 연관되는가?

3. 적대감(수지)
- 언제부터 시작되었는가?
- 원인은 무엇인가?
- 어떻게 하면 해소되겠는가?

성경 말씀 처방
시 27편
1-3절, 두려움을 겪음
4-8절, 피난처를 찾음
9-10절, 하나님과의 관계에서 안전함
11-14절, 믿음의 반응: 오래참음, 확신, 신뢰

(존) 고단한 한 주를 보냄
"직장에서의 스트레스 때문에 가족과의 관계가 더 나빠집니다"

(수지) 3년간 갈등, 새 직장에 취직한 뒤로

(존) "수지는 더 이상 저를 이해하지 못합니다. 노력을 하지 않습니다"
다른 누구와도 실제로 갈등 겪지 않음

(존) 가장 두려운 것은 실직, 거리로 쫓겨나는 것
"아내는 성공에 대한 중압감이 어떤 건지 몰라요"

[실패에 대한 두려움?]

(수지) 존은 항상 그런 말을 한다. 오늘 하루가 어땠느냐고 물어보면 화를 낸다.
"존은 싫은 소리를 아예 들으려 하지도 않아요."

(존) "수지는 비난을 심하게 한다"
- 나에 대해서
- 자녀에 대해서
- 내 취향에 대해서

[수지는 존을 지배하려 든다?]

(수지) "제가 적대적이라는 건 인정해요"
- 나에게 신경쓰지 않음
- 자기 자신과 자기 문제에만 집착

필기 정리하기

상담이 끝나고 당신이 필기한 내용으로 돌아오면, 제일 먼저 기도와 성경 연구로 하나님께 지혜를 구해야 한다. 당신이 관찰한 피상담자의 고난과 죄에 대한 통찰을 구하라. 즉, 그들이 살아계신 하나님의 마음과 믿음을 갖고 타인, 자기 자신, 상황에 대해 반응하지 못하도록 가로막는 요소를 깨닫게 해달라고 구하는 것이다.

이때 당신이 펼쳐둔 필기 내용을 곰곰이 살펴보면서 당신이 적은 정보들 속에 있는 주제를 찾아내보라. 동그라미와 번호로 표시를 하면 편리하다.

- 가장 중요해 보이는 발언이나 실제 정보에는 동그라미를 치라.
- 표시한 항목들이 공통된 주제를 갖고 있는지 생각해보라. 이 시점에서 주제를 명명할 필요는 없으며, 해당되는 각 항목에 번호를 매기라.
- 동그라미를 친 항목들 중 서로 비슷해 보이는 것들끼리 같은 번호를 매기라.
- 분류가 모두 끝나면 필기한 내용 맨 아래에 주제들을 나열하라.
- 당신이 발견한 주제에 어떤 성경적 원칙이 적용될 수 있을지 기도하는 마음으로 깊이 생각하라. 성경적인 통찰은 언제나 예수 그리스도의 복음과 연결시키되, 성경적인 자료를 이용할 가능성도 최대한 넓게 생각하라.
- 다음 상담 때 사용할 새 용지를 꺼내, 당신이 정리한 주제들을 그 용지의 왼쪽 여백에 옮겨 적으라.

감사의 말

감사는 우리에게 호흡과 같아야 한다. 하나님은 모든 선한 것의 근원이시고, 우리는 우리를 향한 하나님의 은혜를 기꺼이 인정하는 바이다. 하나님의 은혜는 우리를 사랑하사 우리를 위해 자기 자신을 버리신 예수 그리스도의 인격과 사역 속에서 가장 고귀하게 드러난다. 한 사람이 삶 전체를 바쳐 감사하기만 해도 그 풍성한 선물에 비하면 턱없이 모자랄 뿐이다.

소속된 교회 멤버들을 제대로 보살피고 싶어 하는 동료 목사들을 돕고픈 소망이 우리의 짐이었는데, 완벽한 플랫폼을 제공해주어 우리의 짐을 함께 진 9Marks에 감사한다. 사랑하는 친구들인 라이언, 조너선, 마크, 바비에게 감사한다. 같은 이유로 크로스웨이 출판사의 친구들에게도 감사하고 싶다.

우리 두 사람은 클리프턴 침례교회, 캐피톨힐 침례교회라는 훌륭한 교회를 섬기는 복을 누리고 있다. 우리는 각자의 교회에서 탁월하고 경건한 이들과 함께 수고하고 있으며, 그들과 함께 하는 수고는 우리가 삶에서 누리는 가장 멋진 특권 중 하나라고 믿는다. 또한 서던뱁티스트신학교와 그들이 지역 교회에 보여준 헌신에도 감사한다.

우리가 감사해야 할 모든 사람들 중에 두 명의 사라가 가장 큰 몫을 차지한다. 사라 피에르, 사라 레주, 이 두 여성이 없었으면 우리의 인생은 영화 같은 비극이었을 것이다. 이 두 여성 덕분에 우리의 삶은 행복한 이야기가 되었다.